转型中的人力资源管理

——创造成果与价值

谢永建　著

科学技术文献出版社
SCIENTIFIC AND TECHNICAL DOCUMENTATION PRESS

·北京·

图书在版编目（CIP）数据

转型中的人力资源管理：创造成果与价值 / 谢永建著. —北京：科学技术文献出版社，2018.8

ISBN 978-7-5189-4632-7

Ⅰ.①转…　Ⅱ.①谢…　Ⅲ.①企业管理—人力资源管理—研究—中国
Ⅳ.① F279.23

中国版本图书馆 CIP 数据核字（2018）第 151219 号

转型中的人力资源管理——创造成果与价值

策划编辑：周国臻	责任编辑：廖晓莹	责任校对：文　浩	责任出版：张志平	

出　版　者　科学技术文献出版社
地　　　址　北京市复兴路15号　　邮编 100038
编　务　部　(010) 58882938，58882087（传真）
发　行　部　(010) 58882868，58882870（传真）
邮　购　部　(010) 58882873
官 方 网 址　www.stdp.com.cn
发　行　者　科学技术文献出版社发行　全国各地新华书店经销
印　刷　者　北京虎彩文化传播有限公司
版　　　次　2018 年 8 月第 1 版　2018 年 8 月第 1 次印刷
开　　　本　710×1000　1/16
字　　　数　203千
印　　　张　11.75
书　　　号　ISBN 978-7-5189-4632-7
定　　　价　52.00元

前　　言

　　21 世纪，人类社会进入了新的发展阶段，这既是知识经济逐渐占据主导的新时期，也是人才竞争形势愈演愈烈的新时代。在这一时期，中国的政治、经济、文化迅猛发展，社会转型速度加快，中国与世界的联系日益密切，并融入了全球化和信息化发展潮流。全球化促使世界范围内的人才竞争更加激烈，人力资源在企业发展中的重要性明显提升。人力资源是企业管理的核心与精髓，是企业获得竞争优势的关键因素，概言之，"人力资源是企业第一资产"。人力资源管理水平已成为企业发展的重大影响因素，关乎企业实力的高低。

　　进入新时期，人力资源管理职能不断拓展，其地位日益提升，人力资源管理逐渐由以往的事务性管理向战略性管理渗透，传统的人事管理将逐渐淘汰，而战略人力资源则能为企业持续发展增添无穷力量。从人力资源管理的演变过程来看，它曾发生过两次重大转变：一是从人事管理逐步过渡到人力资源管理；二是从人力资源管理逐渐上升到战略人力资源管理。如今，人才竞争日趋激烈，市场环境更加复杂，人力资源管理转型是实现企业持续发展的需要，也是企业获取竞争优势的制胜因素。

　　在社会经济迅猛发展的新时期，企业人力资源管理面临重重困难，人力资源管理的变革面临多重挑战。例如，人力资源开发投入不足，人力资源流动性明显增强，企业间人员流动加快，人力资源管理观念滞后，企业考核机制不完善等。经济全球化和信息化给我国传统人事管理模式提出了新的挑战，现代人力资源管理理念应运而生。在新的发展环境下，企业人力资源管理也进入了发展机遇期。我国企业更加重视吸纳对国际先进管理理念，现代信息技术为人力资源管理提供了强大的技术支持，产业机构的转变拓展了企业和员工双向选择的空间。

本书阐述了新世纪企业面临的竞争，分析了中国人力资源转型之路，进而从人力资源管理环境、核心内容、基本定位、三重解析、未来发展等方面出发，对人力资源管理进行多方位、立体式的解析，涉及入职培训、人才敬业度、绩效管理、人员留任、人才搜寻和招聘等多项内容。进入转型发展新阶段的中国，人力资源管理的转型已成为企业实力提升的必然需要。在企业发展中，要与时俱进，把握发展机遇，变革人力资源管理模式，建立科学的管理体系，坚持"以人为本"的发展理念，提高企业在国际市场中的竞争力和影响力。在全球化和信息化发展潮流中，中国企业任重而道远。

在本书创作过程中，笔者参阅了大量研究资料，并展开实地调查，由此提出人力资源管理转型和企业变革的发展之路，以期为企业人力资源管理提供借鉴，促进企业管理水平的提升。由于笔者精力和能力有限，本书难免存在失当之处，敬请广大读者、专家指正。

目　　录

导言　人力资源——新世纪竞争之核

第一节　新世纪企业面临的竞争

面对激烈的市场竞争，人力资源（Human Resourse，HR）在企业成功应对各项挑战的过程中，发挥着至关重要的作用，各种挑战都体现了 HR 的重要性，HR 人员和 HR 工作都在其中扮演着某种角色。全面把握新世纪企业面临的竞争，是探索人力资源管理转型方式的基本前提。

一、全球化形势愈演愈烈

全球化主导了当代竞争。全球化并不是新概念，但是这个挑战却越来越激烈。在全球化发展潮流中，市场、产品、心理状态、企业人才等都发生了变化。在未来的发展进程中，HR 工作势必要在创新理念指导下加快改革，加强对企业各层次人员的管理，充分发挥员工在企业发展中的资产价值，提高企业竞争力。正如摩托罗拉前人力资源副总裁乔伊·米拉格利亚所言："我们公司有 75% 的利润和 6 万名员工来自美国以外，这意味着什么？"

通信、旅行、信息、意识形态和合作的发展让世界变得更小，地球村不再是远在地平线的另一端，而是近在眼前。我们可以从产业的生命周期变化中看出全球化的特征：解除管制后，美国航空业很快从原先的 100 多家整合成 8 家，其中至少有 2 家正面临财务困境，这 8 家航空公司服务了全美 80% 的旅客。① 这种程度的整合固然能让世人惊叹不已，但下一阶段的产业演变——全球整合，可能更惊人：全美航空公司和英国航空公司结盟；西北航空公司和荷兰皇家航空公司结盟；美国大陆航空和北欧航空公司也建立了联盟关系。据此做出预测，再过 10 年，全世界 8 家航空公司就有可能占有全球 80% 的航空运输市场。类似的发展也已经或即将出现在其他行业，包括汽车、酒店、金融、证券、制造和教育等。

全球化形势下的竞争模式已发生了转变，不再只是将国内市场制造的产品输送到国外市场，而是产品的设计、生产、销售等都可能融入全球运作体系中，如构建以某地为中心、辐射多个国家的技术中心，推动产品、人才、信息资源等要素在全球范围内的快速流动，以某一地区生产发展的需要，积极应对全球化经济发展形势与地区应对能力的矛盾。要在全球化形势下获得强大的竞争力，企业必然要具备全球化眼光与地区性保障。

全球化企业面临的另一个议题是全球市场环境中的政治不稳定性。在西方文化下成长的企业往往以它们的民主政治流程为标准，然而西方国家的规则未必适用于那些政治与经济权力受到宗教、革命、家族、集权甚至叛乱影响的国家。学习如何应付复杂多变的政治环境，是许多西方企业在全球化进程中面临的新挑战，例如，由于苏联政治环境不稳定，石油行业对西伯利亚大油田的投资风险大幅增加。

全球政治局势的不稳定性可能会继续加剧。例如，20 世纪 90 年代早期，许多企业竞相抢占成长中的墨西哥市场；而到了 90 年代中期，墨西哥政局不稳、金融市场崩溃，这些企业又绝望地从崩塌的墨西哥市场全力抽身。我们可以预期，未来还会有更多类似的剧变产生。

对于技术先进的国家而言，许多企业在转型为全球化企业后快速积累了巨大的财富。当这些企业在对较弱小的经济体投资时，技术先进国家和技术落后国家之间的社会与经济鸿沟就会日益扩大。而且在不久的将来，社会动荡不安的情形不仅会发生于各国境内，也会发生在国家之间。这种贫富不均和动荡不安的情况

---

① 戴维·尤里奇. 人力资源转型：为组织创造价值和达成成果［M］. 李祖滨，孙晓平，译. 北京：电子工业出版社，2015：2.

若不消除，很可能会引发暴动甚至革命。尽管存在这些问题，美国的企业仍在积极寻求全球化，它们的挑战在于如何培育全球市场竞争力。

全球化能力还包括某个国家分公司所做出的企业决策与经济行为必须考虑对全球其他地区的影响。全球化能力必须能有效处理不同形式的管理思维和行为。例如，为中国分公司高管举办的企业课程中有一整天的课程是让他们了解资本主义是如何运作的，了解股市如何有效地分配企业权益。一些西方人认为理所当然的事，对于来自不同文化背景的人可能是难以理解的。

进入全球化时代，社会契约与领导力契约也处于演变之中。毫无疑问，过去由企业提供保障的心理契约，如今已被自我保障的新契约所取代。随着社会经济的发展，政府支持与行业保障将有所弱化，而依靠自身所获取的自我保障将更显重要。如何定义这种自我保障的要素已经变得越来越困难，尤其是在全球化的背景下更不容易，这个问题有待继续探究。

现代管理者的子女必须比他们的父母更具备全球化学习能力与适应能力。过去，仅靠知识就可以成功；而现在，具有全球化知识只是成功的必备条件。未来除了需要了解汇率外，商务人士还必须通晓跨领域的技术变化，熟知不同国家的政治，了解全球贸易趋势及其对全球客户的影响。

一个致力于建立全球化组织能力的公司必须从一些基本的评估着手：成为一个成功的全球竞争者需要哪些独特技能与远见？目前的管理团队中有多大比例的人具备全球化能力？有多大比例的人能感受全球市场和产品的微妙变化？有多大比例的人能准确地发现全球广大客户的需求而使公司获利？有多大比例的人适应全球化事务？有多大比例的人能够自如地与重要的外国客户进行交流？有多大比例的人了解并能解释全世界主要的文化与信仰差异，以及这些差异如何对公司产品与服务造成影响？跨国组织如何在全球范围内分享信息？何种激励制度能鼓励员工调职海外并和海外分公司人员分享观点？如何使员工在没有海外任职机会时也能获取全球化经验？公司应如何建立兼具全球化思维与地区性执行能力的组织智慧？

致力于解决以上难题的直线经理和 HR 人员必须以新方式思考组织问题。全球化的组织对地理上是否邻近较少关注，它们更关注如何善加运用全球资源。

二、HR 重心逐渐向企业价值链转移

在激烈的竞争形势下，如何构建并运行客户响应能力突出的组织，是各行各业始终面临的共同课题。所谓的客户响应能力具体表现为以下几点：一是创新能力；二是快速决策的能力；三是发展成为行业的价值领导者的能力；四是高效连结供应商和分销商的能力；五是具备为客户建立价值链的能力。研究表明，员工的态度和客户的态度之间有高度相关性，这一点凸显了建立价值链的重要性。

推动 HR 工作重心的转变，即不再仅仅关注企业以往的内部活动，而是高度重视供应商和客户价值链，对于提高企业竞争力意义重大。在长期发展中，HR 人员与理论学者一直强调公司内部的 HR 工作。而坚持以客户为导向，有助于 HR 工作在处理内部工作的同时更加关注与公司发展密切相关的价值链。公司内部的 HR 工作也适用于公司外部的供应商与客户。在基于价值链的员工奖励计划中，可以让供应商和客户成为公司经济价值的评估人和分配者。基于工作重心的转变，HR 工作的各个环节都应与客户需求挂钩，构建有序运行的价值链。

企业的外部关系除了价值链外，还包括价值网络。价值网络是由企业与其他企业间复杂的相互关系形成的。例如，摩托罗拉的管理者发现，公司与英特尔有着复杂的联盟关系。在第一个联盟中，公司是英特尔的供应商；在第二个联盟中，公司是英特尔的竞争对手；在第三个联盟中，公司又成了英特尔的客户。这种复杂的组织关系网络对于 HR 意味着什么？哪些方面需要合作？哪些方面相互竞争？价值链关系对哪些类型的组织有意义？这种复杂的价值网络关系需要何种类型的 HR 政策以支持人员招聘、职业生涯发展、培训和薪酬等工作？

直线经理与 HR 人员必须学着创造一个可以在价值链和不同价值网络中成功运行的组织。

三、降低成本和增加营收而盈利的压力明显增大

盈利能力是企业存在的先决条件。一个在利润上不具备竞争力的企业在失去长期垄断地位后必然消亡。盈利能力在未来仍将是重要的经营课题，而盈利的途径则必定会有所改变。在可见的未来，利润的提升将更多来自营收增长和成本降低的组合。

近年来，一些企业仍然采用"清理碎片"的手段，力图通过裁员、扁平化管理及质量提升工程等促进企业发展。在这种模式下，企业希望用少而优质的资源实现高效运转，以达到减少成本、提高效率、促进企业盈利的目的。那些致力于革新的公司自20世纪80年代中期起就开始尝试各种变革方案，主要有业务流程再造、业务单元重组、持续改进、成本分析、生命周期、分权、裁员、经济附加值、授权、成就卓越、目标设置、日式管理、领导力发展、重组、奖励与认可、使命与愿景、浮动薪酬、群策群力等。上述变革方案有着共同焦点，就是试图通过减少成本来提高企业的盈利能力。与利润直接相关的成本主要有人力成本、流程成本及其他各项成本。减少成本不失为一种有效之举，但我们必须认识到，虽然这些方案能获得成效，其作用却是有限的，毕竟只是利润公式中的一部分。

越来越多的企业管理者发现并开始重视利润公式中的另一部分——营收增长。重点并不是要以增加营收取代降低成本，而是要找出增长的方法。德怀特·格尔茨和若昂·巴普蒂斯塔的研究更证实了成长的重要性。他们访谈了180位美国企业CEO，发现他们中有94%的人致力于增加营收，而且他们至今仍将增加营收视为最主要的经营目标。①

增加营收的3个途径都与HR相关。

第一，提高客户资源利用率，增加已有客户的购买量，以达到收入增长的目的。例如，在金融领域，公司一般都致力于优化金融服务项目，不断增强对客户的吸引力，增加现有客户的交易额，包括支票账户、存款账户、股票基金、年金、抵押贷款、信用卡、保险、共同基金、定期存单等。成功的金融服务企业会设法提高这些交易的比例，也就是运用资产组合使资产增值。一些公司尝试组建"无边界销售团队"，其团队涵盖各经营单元的员工，他们相互合作，共同承担起产品销售工作，以提高销售额。利用客户资源增加收入并非易事，要构建有序运行的流程，加强人员培训，使其具备敏锐的思维，以最快速度、最有效的方式响应客户需要。对于销售者而言，要有全心全意服务的自觉意识，提高服务质量，长期与重要客户维持密切关系。

---

① 戴维·尤里奇. 人力资源转型：为组织创造价值和达成成果 [M]. 李祖滨，孙晓平，译. 北京：电子工业出版社，2015：8.

第二，依托公司的核心能力促进营收增长。换言之，就是要加强研究，善于创新，打造新产品。新产品的开发往往与企业的核心能力紧密关联，因而要在跨部门产品团队的建设中，认清并强化其核心能力，充分利用核心能力，将其转化为富有竞争力的新产品，这些新产品将成为营收增长的关键。

第三，善于采用收购、合资、整合等方式促进营收增长。有并购经验的人员，往往都能认识到组织响应能力在并购过程中的重要性。在影响并购的各个因素中，财务与战略的融合相对简单，但企业文化的深度融合却有极大难度，并已成为影响并购成败的一个关键因素，因企业文化无法融合而导致并购失败的企业并不鲜见。

营收增长是企业的共同追求，无论企业采取何种方式实现这一目的，都必然要高度关注组织及 HR 工具，组织运营能对营收增长产生至关重要的影响。在这种盈利模式下，HR 面临着多个新课题。

一是在控制成本的同时，企业管理者如何达成企业的快速增长并塑造支持目标的企业文化？

二是企业管理者怎样才能保证聘来的员工既有助于企业降低劳动力总成本，又能对增加营收贡献力量？

三是企业管理者怎样构建组织结构，才能兼顾增加营收的自主性和控制成本的严谨性？

四是企业新业务的拓展，依托核心能力向新领域的延伸，借助亲密客户关系促进客户购买量的增加，这些对 HR 工作有怎样的要求？

既要降低成本又要增长营收的挑战，迫使人力资源必须解决企业固有的矛盾。3Com 的人力资源副总裁黛博拉·英格在公司处于高速成长期间，仍坚持推动公司的自我再造。英格认为，大多数企业都是等到过了成长曲线的顶点后，才开始组织重整及降低成本，但她成功地说服 3Com 的高层在公司处于成长曲线的上升阶段时，就开始进行组织转型的工作。通过持续检查与修正公司文化、做事方式、沟通渠道，优化人员的招聘、培训、激励和配置，3Com 得以在降低成本的同时提升营收，保持公司盈利。追求利润增长的直线经理与 HR 人员必须找出设计和运行组织的新方法。

四、对组织能力的需求日益提升

要将战略目标转化为企业日常经营活动，就必须重新定义组织能力，以整合组织中的个人能力。组织能力就是企业竞争力的 DNA，是企业超越竞争对手的能力所在。其既可能是技术之类的硬能力（如开拓新市场的技术能力、能够同时在多个市场积极响应的财务灵活性），也可能是组织能力之类的软能力（如能在市场上更快速行动的能力、对全球性外派人才的吸引和保留能力）。通常来讲，软能力较难创造与仿效，我们可以看到不少公司在试图提升软能力（如全面质量管理和流程再造）时遇到很大挫折。大多数调查结果显示，提升组织软能力的失败率高达 75%。对公司而言，不断提供优秀产品以适应全球市场的组织能力，其重要性仅次于生产出优秀产品的能力。

近年来，对组织能力的研究获得了新进展。组织能力的提升主要从以下 4 点着手：第一，要有建立组织信心的能力，增强组织内部和外部相关人员对管理者的信任感，坚信管理者能始终做到言行合一，而且乐于维护其盛誉；第二，要有消除组织边界的能力，确保信息和观点能在组织内外、部门之间无阻碍地流动；第三，要有培养组织变革的能力，推进组织创新发展，提高组织对内对外的响应能力；第四，要有培养不断学习与提升自我的能力。在企业发展中，经营者既要充分认识这些能力，也要善于从多维度着手培养组织能力，推进公司高效运转，从而在激烈的市场竞争中获得优势。

对于 HR 人员而言，要对各项组织能力有充分认识，能识别出哪些是必备能力，然后针对性地设计工作内容。仅仅是招聘、培训和薪酬已经不够了，这些活动必须有助于创造组织能力。

直线经理和 HR 人员应该持续寻求构建事业成功所需要的组织能力，应该经常自问并互问下列问题：公司现阶段具备哪些能力？公司持续发展需要具备哪些能力？如何让这些能力与公司战略相匹配？如何规划 HR 工作以创造工作所需要的能力？如何评价公司是否具备需要的能力？对于上述问题，可能并不能给出明确答案，但在人力资源管理过程中要不断思考这些问题，以实现人力资源管理的转型发展。

五、变革成为企业持续发展的推动力量

转型、再造工程、文化变革、重新创造、适应性、灵活性、快速学习、敏捷度，不论采用什么名称，所面临的困难和挑战在本质上都是一致的：管理者、员工和组织要具备有效变革的能力。在组织变革工作中，HR 人员起到不可或缺的协助作用，要科学把握变革的组织模式，并将其推广到组织的各个环节、各个方面，以实现对这种组织模式的有效应用。在产品生命周期日益缩短、变革速度不断加快的现代企业环境中，HR 人员将不得不处理更多的问题。例如，如何刻意忘掉过去所学到的东西？如何尊重过去，适应未来？如何在不危及公司的前提下，鼓励变革所需的冒险行动？在转型过程中如何决定哪些人力资源做法应该改变，哪些应该为了保持延续性而被保留下来？如何激励所有人全身心投入组织变革？同样，这些问题的答案并不像看食谱那样简单，但是直线经理和 HR 人员有责任找到答案。

变革的另一个难题是企业高管个人的矛盾。大多数高管都能针对企业的变革行动发表激动人心的演说，并警告变革失败的严重后果。但是，高管自身却未能及时改变，他们往往言行不一致，不能以身作则。员工重视高管的所作所为更甚于他们的言论，高管的言行不一导致许多个人和组织变革失败。HR 人员有绝对的义务挑战大权在握、事业有成的高管，并督促他们言行一致。要做到这一点，HR 人员必须学会拿捏好分寸。

如果面对各种变化，或是预料之中，或是预料之外，直线经理和 HR 人员都能够创造出比竞争对手更快响应的组织，他们将更有机会取得成功。

六、技术创新与应用导致企业生产运营方式发生转变

如今的技术创新速度已经快到难以赶上的地步了。互联网、视频会议、即时信息与分析系统等，这些新技术为企业活动创造了全新的环境。

技术使我们的世界变得更小、更近、更快。在计算机技术不断进步的环境中，观点与思想得以快速传遍全世界，技术克服了地理上的距离、语言与文化的差异。英国的电视节目在美国拥有市场；美国的节目拥有全球市场；欧洲的时尚潮流在美国市场中吸引众多的追捧者；连文化凝聚力很高的日本与法国也未能抵抗美国

流行文化的进入。

个人对技术的运用也改变了信息的流向与使用。想法或创意成为 21 世纪的通用货币，智力资本能够快速地为他人所掌握和相互交流。要在这场技术竞赛中保持领先，就必须持续在有竞争力的新服务上投资，如互联网、CompuServe、Prodigy、美国在线、微软及其他尚未知的业务。

电话会议、通信、共享数据库等新技术彻底改变了工作的方式与地点。当企业的界限受制于地理因素时，近距离是绝对必要的条件。但是随着新技术的发展，员工可以在家或在遥远的地点工作，或分散在客户的办公室，但仍然和企业保持密切联系。例如，作家可在飞行途中使用笔记本电脑写作，然后将书稿通过网络传送给审稿编辑。新技术已经重新定义了我们的工作时间。

无论是直线经理还是 HR 人员，都有必要对工作形成新认识，要深刻意识到技术的重要性，使技术为各项工作提供强有力的支持，进而促进效率的提高。直线经理和 HR 人员必须走在信息曲线的前端，学习如何充分利用信息以达成企业成果。

七、人才留任、评价能力与智力资本更受关注

在持续变化、全球化、高度依赖技术的企业环境中，吸引与留住人才已经成为企业的另一个战场。就像运动队积极聘用最佳运动员一样，未来的企业组织必须积极地争取最优秀的人才。随着对派驻到全球各地担任总经理的人选的技能要求越来越严苛，符合条件的人才越来越少。成功的企业必须能够吸引、培养和留住具备领导全球企业所需技能、视野和经验的人才，要不断寻找优秀人才，让企业拥有向全球生产和销售产品及服务的智力资本。

要使组织智力资本得到有效保障，需要提升领导力与建设领导梯队。在企业未来发展中，领导方式将发生重大变革，个人独断型领导方式将会被团队协作型取代。这种新型领导方式有助于构建和谐、自主的优良环境，有助于各主体创造力的发挥。为适应这些新趋势，企业未来的领导者必须是全球型领导者——能适应全球环境，了解并运用不同文化，能兼顾全球规模经济与地区响应。为给领导力注入新的内涵，必须建立新的领导力模型。公司现在未必拥有这种领导者，但是这种领导人才是可以被培养的或被找到的。

要使组织智力资本得到有效保障，需要让所有的想法与信息在公司内快速分享。一些大型的专业服务公司正在尝试利用技术（如互联网）建立知识网络，让每个顾问能快速地获取及分享信息。在研究过学习型组织后我们发现，学习行为发生在一种想法产生（如发现一个新的工作方法）并在公司广泛传播时。保障智力资本不仅意味着要产生新想法，还要在组织内传播分享。直线经理和 HR 人员必须制定并鼓励这种学习的政策与标准。

要使组织智力资本得到有效保障，需要的不只是学习，更是快速学习。一个能够快速学习的组织会通过改进信息的传播流程，使想法和创新迅速跨界传播。卡尔·威克和笔者所进行的研究都显示，当管理者将机会转化成愿景，将愿景转化为行动，让行动满足客户需求时，便能产生快速学习。有效管理这些流程可以缩短组织中的知识半衰期（知识半衰期，指 50%的知识变得不再适用的时间）。创造一个可以持续提升智力资本的组织将是未来 HR 工作中具备深远意义的一个方面。

要使组织智力资本得到有效保障，需要改变企业的评价方法。传统的评价方法着重于经济资本，如获利表现或财务绩效，现在还应该增加对智力资本的评价。HR 人员未来所面临的主要挑战之一就是寻找并使用这类评价方法。

八、转型是一种根本变化，并不等同于改进

21 世纪以来，许多公司实施了改进计划。这些公司通过裁员、整合、重组等，降低了成本，放弃不赢利的业务，通过质量体系建设和流程再造，消除工作流程中低效率的环节。所有这些努力都帮助企业取得改进，让运营更加有序、敏捷和高效。

然而，转型与改进在实质上是不同的，改进只是改善，而转型是彻底改变员工和客户对企业的看法。转型聚焦于心理占有率，而不再以市场占有率为根本导向。当公司在客户和员工心中的形象定位与以前相比已经发生根本变化时，就代表企业转型成功。

许多行业现在正处于转型过程中。大陆航空在 20 世纪 80 年代到 90 年代初期一直在为公司寻求更清晰的形象定位。这段时期，公众对大陆航空的印象是低成本和低水准的服务。20 世纪 90 年代，大陆航空的高管开始致力于转变公司在客户

心中的形象，他们开始倾听客户的声音：设立免费电话、进行客户问卷调查、阐明客户价值主张（如准时抵达）、鼓励员工以客户服务为中心，最终在客户服务方面成为行业的领导者。这种转型并不容易，但是一旦成功，其意义比推出一项新产品或扩张市场还要重要。员工与客户对公司产生新认同的影响，比起任何产品和市场扩张的影响还要持久。只有专注于转型的直线经理和 HR 人员，才能够创造根本而持久的改变。

案例分析：

在美国电子产业协会研讨会中，参会方探讨了计算机磁盘驱动器制造商美国昆腾国际公司（Quantum）所面临的全球化挑战。计算机磁盘驱动器是一个竞争激烈的产品，新产品如果晚一个月推出，利润就会降低 70%。昆腾公司如果晚三个月推出新产品，就可能被迫退出新一代产品的竞争。为了在这种快速的产品开发周期中生存，昆腾公司正考虑整合位于加州圣荷塞、亚洲和欧洲的新产品开发实验室。其构想是当亚洲实验室的研究人员完成一天的工作后，可通过电子通信方式与圣荷塞实验室的研究人员分享当天的研究成果；同样，圣荷塞实验室的研究人员也可以将当天的研究成果与欧洲实验室的研究人员分享。亚洲实验室的研究人员第二天上班之前，他们前一天的研究成果已经经过双向的沟通讨论。这次研讨会主要探讨的是：什么样的组织能力能够确保实现这个计划？

答案很明确：为实现这个有挑战性的计划，昆腾公司必须从根本上为这个全球团队重新进行组织设计。其必须拥有建立全球化的组织能力，全球各地的人才、创意和信息必须能无缝地流动与沟通，这样才能比竞争对手更快速地创造出更好的新产品与新服务。其必须建立全球共享心智，让任何实验室的创意都能与全球各地的实验室自由地交流与分享。其必须招聘、培养和激励那些具备全球视角而不是狭隘国家主义的员工。

第二节　人力资源管理的重要性

在新的时代背景下，人力资源管理越来越多地受到人的因素的影响，在企业发展中也更加重要。从近年来企业的发展态势中可以看出，企业管理的关注焦点已发生了转移，即对物的管理日趋弱化，而对人的管理逐渐强化。这种变化是应对激烈市场竞争的需要，它表明企业的管理范围得到拓展，凸显了人力资源管理在企业管理中的重要性。

一、人力资源管理是组织管理的焦点之一

在人力资源管理工作中，管理者要做到以下几点：一是选聘岗位需要的人才，充分发挥员工的价值；二是要注重提高员工的敬业度，减少人员流动；三是要引导员工高质量地完成工作任务；四是设置科学的面试流程，提高面试效率；五是重视员工培训，提高员工的岗位胜任力；六是营造优良的工作环境，保障员工安全；七是制定科学的薪酬制度，保证各部门员工合理的待遇，及时化解员工的负面情绪。上述要求均是各企业中人力资源管理者的共同追求。实际上，无论是财务管理人员、营销管理人员，抑或是人力资源管理人员，都承担着一定的管理职责，而且需要在各自岗位上做出有关人员招聘、绩效考核、员工晋升、薪酬体系等一系列决策。在企业内部，即使是无须担负管理职责的员工，也是人力资源管理活动的参与者，也应了解一些基本的人力资源管理知识，以便更好地参与人力资源管理评估，并为其政策制定提供建议，促使人力资源管理与员工发展高度契合。

二、组织的经理人员要通过别人来实现自己的工作目标

经理人员要借助他人的力量来实现自身的工作目标，这就凸显了人力资源管理的重要地位。一些企业在发展规划、协调控制等方面有其强大优势，但却存在用人失当、员工敬业度低的问题，这些问题容易引发人员流失，进而对企业发展产生严重影响，导致企业业绩难以达到理想水平。与此相反的是，一些企业在发展规划、协调控制等方面表现平平，但知人善任，其管理者善于激励员工，而且重视员工培训，发掘员工潜能，最终促使企业在激烈竞争中取胜。

三、人力资源管理有助于提高员工工作绩效

更新人力资源管理观念，促进管理工作与现代技术的融合，完善人力资源管理政策，是提高员工敬业度和绩效的有效方式。20世纪后半叶，西方工业七国的

生产力排序是：日本、法国、加拿大、联邦德国、意大利、美国和英国。美国居于第 6 位，在生产力方面落后于日本、法国、加拿大等国家，这主要是由于工人流动性高、工作热情度低、产品质量差等因素造成的。盖洛普民意调查结果显示，几乎一半的劳动者认为，如果自己付出更多努力将会明显提高工作绩效；约 1/3 的劳动者觉得还能把生产力提高 20%。20 世纪 80 年代，由摩托罗拉制造的彩色电视机存在大量的缺陷，每 100 台电视机甚至有将近 200 个缺陷。日本接收该工厂后，产品缺陷显著减少，每 100 台电视机的缺陷寥寥无几。造成这一变化的关键因素并不是工人，而在于管理。日本在工厂的管理上提出多项决策，如让工人参与制度制定，质量检测人员要承担责任，更加重视工人与管理者之间的交流，从而使工人尽职尽责地投入生产劳动，产品缺陷因此大幅减少。在企业管理中，人尽其才是人力资源管理的基本追求，是提高工作绩效的重要方式。

四、人力资源管理是激励员工的重要手段

随着教育事业的发展，员工素质日趋提高，这为企业发展提供了有利条件。在我国经济社会中，与高中及以下学历的人群相比，需要高学历人才的岗位较少，而每年都有一大批大学毕业生走入就业市场，很多员工觉得自身才能并没有得到充分发挥，个人能力高于岗位需求，即所谓的大材小用。对于企业而言，通常要从就业市场中选取更有素质的人才，这就容易引发大材小用的现象。面对这一情况，激励员工，激发其工作热情，成为一项不容忽视的工作。值得注意的是，随着时代进步，人们的思想观念呈现出更多新特点，以往推行的职业道德教育很难持续发挥其作用，教育成效不佳。而且在社会经济高速发展的新时期，人们的需求也发生了改变，更加重视职业质量与生活质量的内在协调，不再将通过工作获得财富作为唯一追求，而是对心理和精神上的满足感提出了更高要求。在未来发展中，人们对物质财富以外的需求会越来越高，这就对人力资源管理提出了新要求。对此，企业管理者应准确把握新形势，更新管理观念，引入先进技术，探索激励员工的各种手段，不断提升员工敬业度。同时，企业经理人员也要学习相关法律，特别是保障员工利益的法律法规，其各项决策都要被法律约束。

五、人力资源是组织生存发展、获取竞争优势的特殊资源

毋庸置疑，人力资源已成为组织的特殊资源，对于提高竞争力、获得持续发展意义重大。近年来，人力资源开发、整合与利用越来越受到管理者的重视，人力资源对管理决策的影响日益深远。人力资源管理正在逐渐被纳入企业整体发展规划中，其重要性日趋凸显。根据心理学相关理论，每个人都是一个独立的个体，都是不同的，总会在某一方面区别于他人，这正是人力资源的独特之处。在人力资源管理中，管理者要清晰地把握每一位员工的独特性，重视对其优势的有效利用和潜能的深入发掘，在实现员工自身价值的同时为企业创造更多的价值。

第三节　中国人力资源转型之路

一、对中国企业转型的基本认识

全面深化改革，是我国政府做出的一项重大决策。2014 年迎来了全面深化改革的新时期，政府简政放权的步伐加快，国企改革不断推进，工商登记制度也开始实施改革，金融体制改革也进入了新阶段。这些举措对于社会经济发展意义深远。从国家维度来看，中国社会从"非常态"向"新常态"转型发展；从企业维度来看，网络在企业各项工作中的应用更加广泛；从个人维度来看，人们的自主意识日趋增强，越来越多的普通职员主动向"创客"身份转变。在全面深化改革的新时期，我国社会呈现出新的发展面貌，经济繁荣发展，思想观念更加开放。在全面深化改革的浪潮中，有彷徨无措，有满心期待与向往，也有披荆斩棘的魄力。总之，从国家、企业、个人的不同维度来看，转型势在必行。

2014 年，全球最具影响力的管理咨询大师拉姆·查兰在《哈佛商业评论》上发表了一篇名为《是时候分拆人力资源部了》的文章，向人力资源部发出声讨。这篇文章引发了人们的深刻思考，无论是人力资源专家还是众多从业者都在追问：怎样才能充分彰显我们的价值？这也是人力资源管理自始至终面临的一大问题。在人力资源管理备受关注的大形势下，我国关于人力资源管理的书籍、培训大量

产生，企业人力资源部门也开始致力于管理革新。尽管有关人力资源转型的探讨如火如荼，人力资源部门的转型向前推进，但其转型既难以获取公司高层领导的有力支持，也无法赢得广大员工的认可，转型之路困难重重。通过分析发现，导致企业人力资源部门转型失败的因素有以下几个。

一是深受传统观念和方法的桎梏，难以突破人力资源管理的窠臼，只能得到一定程度的改进，而无法实现真正的转型，导致人心浮躁，最终不得不放弃转型。

二是尽管一些企业的人力资源部门也参与了相关培训，了解了一些转型案例，并对转型有了一定认识，但在转型实践中容易受制于借鉴和模仿，而未能与企业自身的具体现实紧密结合，导致转型犹如建造空中楼阁，缺乏坚实的现实根基，一方面对人力资源的原有价值造成了破坏，另一方面在花费大量时间和精力后不得不返回原点，按照传统模式推行各项工作。

三是对人力资源转型的目标和意义缺乏深入认识，对转型所需的心智结构改造不彻底，存在"为转型而转型"的错误观念，进而导致转型无法成功。

四是未能培养出各层级的能力突出的人力资源管理人员。企业人力资源转型的一项基本任务，就是将企业高层管理者、直线经理及 HR 人员打造成为深谙人力资源管理的能者，并使他们积极参与到转型过程中，在实现其价值的同时推进顺利转型。从一定程度来说，如果没有这些能者的支持与参与，转型是无法成功实现的。

二、人力资源转型的基本思路

20 世纪末期，在第一代网络信息技术革命的有力推动下，美国企业开启了人力资源转型的发展历程。我国现阶段人力资源转型的探索同美国当时的情况基本一致。综观国内外有关人力资源转型的研究与实践，要成功实现转型就必须做到以下四点。

一是让 HR 成为企业的业务伙伴。HR 要成为能力突出的业务伙伴，应具备战略合作伙伴、人力资源效率大师、员工支持者、变革推动者四重角色。战略合作伙伴对于促进战略目标的实现发挥着重要作用；人力资源效率大师一方面能设置高效的工作流程，另一方面能获取显著的工作成效；员工支持者承担着增强员工胜任力、提高其敬业度的职责；变革推动者则要优化组织结构，参与企业变革，为提高企业竞争力贡献力量。

二是要充分展现 HR 在企业内外部客户心目中的业务伙伴角色。其中，企业的内外部客户主要有高层管理者、直线经理、各部门员工及客户。人力资源转型是否真正完成，并不是由人力资源部门去界定的，而要根据 HR 在内外部客户心目中的形象是否彻底改变来判定。HR 完成了自身承担的任务，并不代表转型获得了成功。只有 HR 真正具备战略合作伙伴、人力资源效率大师、员工支持者以及变革推动者四重角色，并获得内外部客户的认可，才意味着转型成功。

三是由 HR 管理打造出结构合理、能力突出的人力资源团体。通常情况下，人力资源团体要由企业高层管理者、直线经理、HR 人员及 HR 外包机构多方面人员组成。企业转型能否成功，在很大程度上取决于人力资源团体的水平。

四是 HR 要具备为组织创造价值的能力。对于 HR 是否具备创造价值的能力，可从以下多个方面具体分析。如各部门员工的潜能是否得到深入发掘？组织能力的提升能否促使企业在激烈竞争中取胜？企业整体绩效是否明显改善？要成功实现转型，并不能仅仅依靠新型管理系统的开发与运用，也不能仅仅停留于观念和制度上的更新。转型并不是终极目的，转型是要让企业更好地发展。

对于人力资源部门而言，HR 转型对管理观念和管理方式的转变提出了要求：一是要改变以往粗放式的管理方式，实施精细化管理；二是客户策略要坚持以企业战略为基本导向；三是人力资源职能与构架要以各项业务为基本指向；四是业务操作要体现系统性。上述四项要求实际上可称之为中国人力资源转型的实现方式。

三、彰显企业家、经理人在人力资源管理中的价值

在人力资源转型的道路上，既要使 HR 成长为能力突出的人才，也要使直线经理具备人力资源管理能力，更要重视企业高层管理者人力资源管理才能的充分发挥。

使 HR 人员成长为能力突出的 HR 管理人才，要求 HR 不能局限于其狭小领域，也不能仅单纯地开展人员招聘、绩效考核、员工培训等各项工作，而是要具备企业战略层面的眼光与思维，具备从业务视角实施人力资源管理工作的能力。HR 是否有拓展自我的魄力，在企业经营单元中彰显自身价值，成为人力资源业务

合作伙伴；高层管理者是否有敏锐的眼光，从各个经营单元中发掘优秀人才，将其打造成 HR。这些是值得深入探讨的课题，对于培养 HR 管理人才意义重大。在人力资源的未来发展中，坚守在一线的管理者将会获得更多成为 HR 管理人才的机会。

将直线经理打造成为 HR 管理人才，要求企业管理者既要具备管理各项事务的能力，也要具有人员管理的才能。能够有效选择、培养和激励下属的直线经理将是企业最高效的管理者。使直线经理成为 HR 管理人才，将有力推进企业价值创造，它是企业发展的需要。

使企业高层管理者成为 HR 管理人才，这要求高层的核心管理者必须具备人力资源管理能力。企业管理实质上也是人才管理。"要成为成功的企业家，要么让自己成为 HR 管理人才，要么让 HR 管理人才成为企业的二把手。"这种说法表明，企业家与人力资源管理能力是密不可分的，如果失去人力资源管理能力的支撑，企业管理成效将大打折扣。因此，要将更多的企业家打造成 HR 管理人才，以此提升企业境界，增强企业竞争力。

第一章　转型中的人力资源管理

第一节　人力资源管理组织

人力资源策略设定了 HR 部门的目标，而人力资源组织则提供了达成这一目标的路径图。使用组织诊断流程可以强化人力资源组织，使其成为战略合作伙伴。

一、定义组织模型

创造一个更强大的人力资源组织，可从以下 6 个要素出发：一是共享心智，即 HR 部门是否具有共享心智或相同的认同感。二是胜任力，即 HR 部门中的员工是否具备执行目前及未来工作所需的知识、技能和专业能力。三是绩效，即 HR 部门采用的绩效管理制度能否激励和强化组织正确的行为和结果。四是治理，即 HR 部门是否具备有效的报告关系、沟通方式、决策机制和制度政策。五是变革能力，即 HR 部门能否学习和适应，从而了解并改善流程。六是领导力，即 HR 部门是否具备有效的领导力。这 6 个要素代表了建立人力资源组织的基础。

二、建立组织评估流程

人力资源组织诊断将人力资源组织架构转化为评估工具。人力资源组织架构中的 6 个要素所提出的评估或诊断问题，可以协助企业分析人力资源组织的优势与劣势。表 1-1 展示了如何将这 6 个组织架构要素转化为诊断工具，进而检验 HR 部门的成果。在表 1-1 中，最左侧的 6 个要素已转化为评估问题，评价每个要素对实现人力资源策略的帮助程度。这一评估采取了简单的评分方式（1分最低，10分最高），评估过程中的讨论比每个要素的实际得分更为重要。表1-1中最右边的最佳实践空白栏用于记录组织在实践过程中的改进目标。人力资源组织能力诊断中应采用的评估方法为，从人力资源组织策略所需要的要素出发，在既定的策略和预期能力下，科学评估HR部门自身在执行表1-1中各项管理行为时的表现。

表1-1 人力资源组织能力诊断

要素	问题	评分（1~10分）	最佳实践
共享心智	人力资源组织是否具备正确的共享心智（文化）？		
胜任力	人力资源组织是否具备达成未来目标所需的能力（知识、技巧和专业技能）？		
绩效	人力资源组织是否具备有效的绩效管理制度（措施、反馈和奖励）来达成未来的目标？		
治理	人力资源组织是否具备适当的组织结构、沟通渠道和制度政策来达成未来的目标？		
变革能力	人力资源组织是否具备改进工作流程、变革和学习的能力来达成未来的目标？		
领导力	人力资源组织是否具备达成未来目标所需的领导力？		

与战略合作伙伴中的组织能力评估相类似，这个评估流程可以以非正式或正式的方法进行。非正式的方法是，HR高级管理者可以在制定人力资源策略时使用表1-1的评估工具。较正式的方法是，使用这个评估工具来收集HR人员、直线经理、客户、员工和其他利益相关者对HR部门在实现战略中的绩效评价。执行这项评估的可以是公司内部的HR人员，可以是公司外聘的顾问，也可以是HR在公司内部的服务对象。

三、引领改进管理的实践

要达到优化人力资源组织的目的，就必须改正在组织诊断中所暴露出的管理工作的问题。HR部门可以根据以下行为将HR最佳实践应用于自身，从而使得这些最佳实践成为建立人力资源组织的基础。

（一）共享心智

人力资源组织的共享心智可以从下面这个问题回答的一致性中看出："我们 HR 部门希望客户如何看待我们？" HR 组织应该尽力达成 75% 的内部共享心智，而 HR 部门员工和他们的客户应该都具有这一共享心智。

在和许多 HR 人员共事的经验中发现，企业共享心智程度在调查前都是可预期的。我们要求每位 HR 人员针对下面这个问题给出 3 个答案："你希望你的客户如何看待你？"在收集答案并经过分类后，选出 3 种最常见的答案并计算其百分比，这些百分比代表了回答者的共享心智。研究发现，即使那些已经有了明确愿景与使命的 HR 团队，他们的共享心智也只有 35%~60%。这些 HR 人员一致希望客户尊重他们、认可他们的良好素质。例如，他们认为自己态度主动、积极、创新、冒险、可靠，但是客户却不这么认为。因此在这一点上他们缺乏共享心智（缺乏一致性）。

在调查完共享心智后，紧接着讨论 HR 团队具有共享心智或认同感的重要性。笔者鼓励 HR 人员把自己当成 HR 部门的利益相关者，并向自己提问：你能确定客户真的知道如何使用人力资源服务吗？你希望客户对你留下什么样的印象？你如何向 HR 部门新进的同事表达你对公司的认同感？你希望公司高层如何向董事会介绍 HR 部门的形象？这些问题通常能引导参与者对自己希望创建的 HR 部门具有共享心智，并达成共识。

（二）胜任力

研究显示，HR 专业能力分为 4 类：业务知识、人力资源服务、变革管理和个人信誉。在对一个组织进行能力评估，并确定其目前的能力和所需能力之间的差距后，应选择以下 3 种方法之一进行改善：购入人力资源能力、培养人力资源能力或借用人力资源能力。

购入人力资源能力是指从组织外部聘请顾问。某些人力资源组织已积极地采用了这一方法，用外部聘请的 HR 专家取代公司内部大量的高级 HR 员工。这些外聘的 HR 专家引入许多新观念。组织还可以采取目标聚焦的方式购买组织需要的紧缺人才。经验丰富的 HR 顾问沃伦·威廉提出的一个方法是，聘请优秀的外部专家担任企业要职，使他们能够影响人力资源组织的整体发展方向。当安东尼·

鲁奇被派任西尔斯高级副总裁时，他虽然并未从外部大批引进 HR 人员，但他外聘了少数关键的 HR 高级管理者，为整个 HR 部门制定新的方向。

培养人力资源能力是指通过培训与发展，使公司现有的 HR 人员提升技能与知识。技能的改进可通过正式培训、分配工作、岗位轮换与晋升、项目组工作等方式来实现。不少公司已在积极地培训和发展它们的 HR 人员，以建立人力资源人才库。

借用人力资源能力是指 HR 部门和外部团体之间形成共同投资、伙伴关系或联盟。一种常见的伙伴关系是 HR 部门和咨询公司之间签订合同，由咨询公司为 HR 部门及公司提供人力资源服务。这种外包方式既可使公司不必承担相应义务，又能同时获得人力资源能力。

（三）绩效

绩效评价可以反映出 HR 人员所要达到的标准。绩效评价的关键在于，对 HR 人员的绩效管理制度能否激发 HR 人员更多地表现出符合业务成果所需要的行为。

谈到绩效管理，HR 人员自身往往是最大的敌人。由他们设计并推行的公司绩效管理流程，却未能应用于本部门。HR 人员要在本部门成功地推行绩效管理必须做到以下 3 点。

一是由 HR 人员自己来设定目标标准。这些标准可以是行为规范（HR 人员应该做哪些工作），也可以是成果标准（HR 人员应该达成哪些结果）。这些标准必须易于理解，可控制，有意义，能获得 HR 人员的共同支持。

二是根据标准达成程度给予奖励。奖励对 HR 人员的激励作用和对任何员工的作用一样，企业应该依据 HR 人员的绩效给予报酬。此外，就像企业其他部门一样，HR 部门也应该采用非经济性奖励，如表扬、提供有趣的工作机会等。

三是收集与分享绩效成果的反馈意见。HR 部门可以采取各种方法收集关于 HR 人员是否达到绩效标准的反馈信息，而 HR 人员通过自己掌握的数据信息来自我监督也是不错的反馈方法。及时有效地对绩效进行反馈，才能帮助 HR 人员有效地设定和达成目标。

有效的绩效管理制度能显示 HR 人员行为的优缺点，找出能力更优异的 HR 人员，从而真正提升人力资源绩效水准。

（四）治理

治理是指提供人力资源服务的组织结构和与其相关的基础事务流程建设。沟通传达是一个非常重要却常被忽视的基础事务流程。许多 HR 人员完成了很有价值的工作，而公司却无人知晓。有效地宣传人力资源计划、目标、活动和成果不应该被看作自吹自擂。对人力资源活动与政策的有效宣传包括：介绍创新的人力资源方法；介绍 HR 人员如何为业务创造价值；介绍 HR 部门如何帮助公司达成业务目标等。对 HR 部门进行人力资源管理是指 HR 人员花费部分时间来传递他们的工作成果，向外沟通他们完成的工作，从而使全公司的直线经理及员工对人力资源成果有所了解。

治理也代表着公平、公正地实施政策。在企业对待员工的方式上，HR 人员必须成为榜样。应该在 HR 部门内部实行创新的企业人力资源政策，包括实施关于歧视、性骚扰、子女照顾、旷工、离职、远程办公等方面的正式规章制度，以及实施有关关怀员工、重视差异性、弹性工作制等非正式规定。

改善 HR 部门内部治理的内容包括工作重组、理念的沟通和宣传、政策在 HR 部门内部的公平实施。

（五）变革能力

HR 部门通过设计一系列的流程来厘清自身的工作，进而帮助企业成功。HR 部门常被认为缺乏创新性、灵活性和变革性，是传统政策及流程的维护者，而非创新的先导者。

为改进 HR 部门的反应速度、灵活性和反应能力，HR 人员必须勇于冒险，尝试新方案，寻找新构想与方法，并快速地把构想转化为实际行动。可以通过以下问题简单地诊断 HR 部门的工作，从而评价其对市场、业务和人力资源策略变化的反应速度。

（1）你们公司所属行业的变革速度如何？

一般而言，若使用 1～10 分的评分方式，这个问题的得分大多很高。也就是说，绝大多数 HR 人员都认为其所属行业的客户、技术、政策、全球化和其他环境因素的变化速度很快。

（2）你们公司的业务战略变化速度如何？

同样，这个问题的得分同样也会很高。因为公司提出新的业务战略的速度和外在环境变化的速度不相上下。

（3）你们公司对应业务战略的人力资源管理变革速度如何？

这个问题的得分通常很低。人力资源管理变革的速度往往赶不上环境与战略的变化速度。当环境与战略已经明显变化时，HR 部门的反应速度常常相对落后。

HR 部门为改进其反应速度、灵活性和反应能力，必须勇于变革，并了解快速变革的方法。

（六）领导力

建立 HR 部门的领导力并非易事，一些企业往往花费了好几个月的时间依然找不到合适的人来担任人力资源的高级职位。并非这些公司没有努力搜寻人才，而是合适的人才确实难寻。这类人员的待遇远超过其他岗位的高级管理者，担任这些职务的人直接向公司 CEO 或总裁报告，他们所面对的挑战是如何建立和变革组织文化。由于这一工作极具挑战性，因此符合这种任职资格的人才非常稀缺。

HR 部门的领导者必须是能同时胜任多项角色的优秀 HR 专家。身为高管团队成员，他们充分参与业务决策，以确保企业成功；身为 HR 部门的领导者与管理者，他们同时兼有梦想家和现实主义者的特质。

四、设定工作优先级

组织诊断的第四个步骤是设定工作优先级，使 HR 部门的精力集中于一些重要事项。HR 部门可以根据两个准则：影响力和可执行性，设定工作优先级来提升 HR 工作效率。这些实践可为 HR 部门建立基础事务流程，以有效地确定人力资源策略，并实施战略性人力资源。

第二节　人力资源管理的角色内涵

HR 可以通过 4 种方式为公司增加价值，即帮助执行战略，建立基础事务流程，确保员工贡献，转型与变革。

一、评估目前人力资源职能的质量

四角色模型可以帮助评估人力资源服务的整体质量。这种评估可以在企业的业务单元或工厂中进行，它能判别出目前实际在企业中运作的人力资源角色。

调查的评分表提供了两类信息。

第一，4 个角色的总分（从最低 50 分到最高 200 分）代表企业人力资源服务的整体质量。总分高于 160 分即可认为高分，表示人力资源服务的质量优良；总分低于 90 分则被认为人力资源服务的整体质量不佳。

第二，4 个角色的得分分布说明各角色目前的服务质量，并为企业提供了一个可以用来更有效地衡量目前人力资源职能现状的依据。大多数参加了这份调查的公司，都在运营方面得分较高，在战略方面得分较低，这与传统的人力资源角色相一致。得分差异最大的角色是员工贡献，有些企业极力提升员工承诺，有些企业则看起来把员工的关注放在一边。一般而言，管理转型与变革这一角色的得分最低。

二、人力资源职能的演变过程

人力资源角色评估调查不仅可以提供对当前人力资源服务整体质量的评估，还能对一家企业人力资源服务的演变过程进行评价。为做此评价，企业需要定期重复进行这项调查，或者修改问卷中的问题，以获得关于各个角色服务质量"过去、现在、未来"相对比的结果。

例如，如果企业在过去 20 年间进行过多次调查，它的人力资源职能的角色可能会明确地显示出从关注运营到关注战略角色的演变。而员工贡献角色则在过去 20 年间，在大多数企业中被逐渐忽视。近些年来，许多公司都采取了提高生产力的措施，如企业再造、裁员和整合，HR 人员因此必须专注于基础事务流程建设及人力资源效率大师的角色。在同一时期，对战略意图的强调，如全球化、客户服务和多代产品设计，也刺激了人力资源职能关注于战略执行和满足战略合作伙伴的角色上。最后，流程再造、组织授权、组织文化等变革活动促使 HR 人员侧重于变革推动者角色。以上种种转变意味着 HR 人员越来越少地关注员工贡献，越来越少地承担员工支持者角色。

通过人力资源角色评估调查，企业可以了解人力资源职能在哪些角色上越来越强，在哪些角色上越来越弱。

三、HR 人员与直线经理对人力资源职能的认识

人力资源角色评估调查的另一个用途是取得直线经理和 HR 人员对人力资源职能在各角色上表现的反馈意见。比较两种调查结果就可以了解双方评价的差异程度，这将在多方面帮助提高对人力资源职能及公司期望的了解。

（一）期望相符

期望相符表示 HR 人员和直线经理对人力资源职能的看法一致。这种一致可能是好消息，说明他们对人力资源服务的角色和成果的意见相同，但也可能是坏消息。例如，某公司的 HR 人员和直线经理都认为目前人力资源服务在每个角色上的得分是 15~20 分（满分 50 分）。也就是说，尽管人力资源满足了直线经理的期望，但这期望本身就很低。相同的低期望值，意味着 HR 人员和直线经理对 HR 工作都缺乏宏伟的愿景。四角色模型提供了一个定义远大目标、提高期望值，为 HR 人员明确价值创造目标的方法。

（二）期望不相符

当 HR 人员和直线经理对 HR 工作的认知不一致时，便会出现期望不相符的情形。到目前为止，这个调查中最常见的期望不相符情形是 HR 人员对自己的评分高于直线经理的评分。HR 人员对自身的评价显然比他们的"客户"（直线经理）要高，这种与客户看法不相符的自我评价可能会导致自我欺骗与否认事实。HR 人员认为他们的服务很到位，而且对公司有价值，但他们的客户却不这么认为。

在许多企业中，涉及人力资源服务质量评估的调查，不仅会来自直线经理，还会来自员工。某个案例中，HR 部门是公司所有部门中得分最低的。该公司的 HR 人员认为他们设计并提供了卓越的服务，但是这些服务显然要么被员工误解，要么未能满足员工的需要。HR 人员往往一厢情愿地评价他们提供的服务，但他们的客户却是直接根据这些服务产生的影响与成果来判断的。

因此，人力资源角色评估调查可用来诊断直线经理和其他人力资源客户的期望。比较 HR 人员、直线经理及其他人的评分，可以引发建设性的讨论。在讨论中可设定并分享对 HR 工作的期望，同时澄清和交流 HR 部门应扮演的角色。

四、HR 部门和单个 HR 人员

通过评估调查，企业可能会发现，单个 HR 人员无法具备 4 个角色所需的所有能力，但与此同时由单个个体构成的 HR 部门却共享着一致的愿景和能力。例如，有一家公司发现，承担不同模块的单个 HR 人员都很尽责和称职：一线的 HR 人员确实是企业领导者的战略合作伙伴；人力资源职能负责人确实是人力资源效率大师；员工关系专家能有效地了解与实现员工需要；组织效能专家也能恰当地管理变革。但是，这些优秀个体组成的团队却很糟糕。在一对一面谈中，这些 HR 人员承认他们相互并不尊重，甚至彼此不喜欢对方。

HR 专家团队必须将个人才能整合为可充分运用的团队能力。在上述企业中，HR 专家开始分享他们的关注点，坦诚讨论彼此的差异，并专注于共同的目标和对象。一个团体一旦拥有共同的关注点、充足的时间和相互的承诺，就能克服彼此间的紧张关系与不信任感，开始共享资源与经验。他们开始对 HR 部门的目的与价值形成一致的认识，开始互通电话，汲取和利用彼此的长处。简而言之，他们开始像团队一样工作。

因此，以人力资源角色评估调查作为诊断工具可以了解到，虽然个体有可能在某个角色上很称职，但 HR 部门作为整体必须整合这些单个人才，来获得力量与成效。

五、明确每个角色的责任

每当企业回顾人力资源的多重角色时，总会提出以下问题："直线经理在每个角色上的责任是什么？"这是一个很重要的问题，有两个有分歧的答案。

第一，确保每个角色成果的达成是 HR 人员专有的职责。例如，如果用 10 分表示完全达成每个角色目标所需承担的职责，那么这 10 分的工作都应该由 HR 人员承担。

第二，达成目标和设计能达成目标的流程是两回事。尽管 HR 人员必须确保这 4 个角色的目标都达成，但他们不需要执行这 4 个角色的所有工作。也就是说，HR 人员必须保证每个角色都得 10 分，但不必承担为获得 10 分所必须做的所有工作。根据达成目标的流程不同，直线经理、外部顾问、员工、技术或其他服务机构都可能承担 HR 工作。

许多情况下，4 个角色的责任是被分配在不同人身上的。图 1-1 展示的是目前主流的责任分配模式。图中的分配点会因公司而异，但是对成果承诺（10/10）和达成成果（10 分责任的分配）之间的区别仍是讨论的重点。HR 人员必须保障成果的达成，并帮助界定达成成果的责任分工。就像角色本身一样，执行过程和责任分工也会随变化与趋势而变。

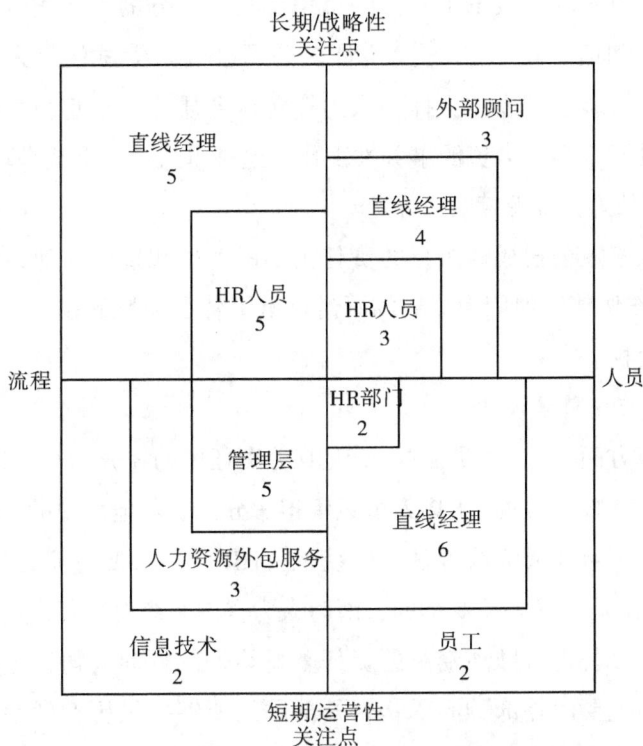

长期/战略性
关注点

```
                    外部顾问
                       3
    直线经理
       5            直线经理
                       4

         HR人员     HR人员
           5          3

流程                HR部门        人员
                     2
         管理层
           5
                    直线经理
                       6
    人力资源外包服务
         3

    信息技术          员工
       2              2
```

短期/运营性
关注点

图 1-1　各种人员在 4 个人力资源角色中的责任权重

（一）员工贡献管理

近些年来，员工贡献管理方面的人力资源职能角色发生了剧烈的变化。以往 HR 人员被分配了 10 分责任中的 8 分，用以实现员工承诺。而今天，这个比例被重新分配为：HR 部门 2 分，直线经理 6 分，员工 2 分。换言之，在许多公司，当员工有不满或疑虑时，HR 部门的工作不再是直接解决问题，而是确保直线经理拥有有效响应员工诉求的技能，同时使员工自身具备克服困难的能力。许多公司希望随着时间推移，高绩效团队中的员工可以为他们自身的发展承担更多责任。

（二）基础事务流程管理

为提升效率，现在许多公司将人力资源基础事务流程工作中的 5 分（总分 10 分）转移至共享服务中心。这种转变乍看之下是反常的，但事实上有其内在逻辑。传统上，晋升至公司级管理的人员通常意味着必须承担更多战略性工作。但是，在许多现代组织中，这些人反而成为共享服务中心的一部分，承担起人力资源事务性工作，以减轻一线 HR 人员的负担。其余 5 分的工作被分给人力资源外包服务（3 分）和信息技术（2 分）。许多公司已开始尝试使用人力资源外包服务，以降低人力资源管理成本，提升人力资源服务质量。信息技术的应用使得可以利用计算机处理许多人力资源事务性工作，这种方式未来会逐渐增加。

（三）战略性人力资源管理

现如今，大多数公司战略执行的责任由 HR 人员和直线经理共同承担（各占 5 分）。作为合作伙伴，他们为战略的研讨贡献了各自独特的技能，他们组成团队共同实现业务目标。

（四）转型与变革管理

在文化变革方面，HR 人员需要承担 10 分责任中的 3 分，直线经理承担 4 分，其余 3 分则由外部顾问负责。HR 人员只承担 3 分，表示他们中的许多人在变革推动者角色上感到不自在或无法胜任。传统上，HR 人员与变革流程的距离相当远。事实上，HR 工作是被视为反变革的，因为人力资源系统对变革产生的是阻力，而非推力。随着许多公司将推动变革的责任委托给外部顾问公司，这些逐渐浮现出的转型职责目前主要由外部顾问承担。外部顾问能够提供历经考验、比较客观的转型途径，而且他们也有能力与信心帮助企业实现变革。

第三节　业务伙伴的角色

一、人力资源业务伙伴的多重角色

从惠普、高乐氏及其他公司的经验来看，优化人力资源职能，提高其专业化程度的时机已经成熟。许多公司的经验也为 HR 人员应扮演的多重角色提供了一些深刻见解。

今天的 HR 人员通常被视为"业务伙伴"，但该词汇往往被狭隘地定义为 HR 人员与总经理共同致力于执行战略，即战略合作伙伴。即使在四角色模型的原本观点中，管理企业长期流程的角色也被视为"业务伙伴"，而非"战略合作伙伴"，尽管这两个概念看起来难以区分。根据一些人力资源高级管理者的意见，如惠普的彼得森，"业务伙伴"的原有内涵已发生变化，而衍生出一个更动态、更包容的"业务伙伴"等式：业务伙伴=战略合作伙伴+人力资源效率大师+员工支持者+变革推动者。

实际上，不只是战略合作伙伴，四角色模型中的 4 个角色都具备业务伙伴的性质。战略合作伙伴之所以是业务伙伴，是因为他们使人力资源系统与业务战略产生极大的关联性，并显现出一致性，而且能帮助企业确立 HR 工作的优先级顺序。人力资源效率大师之所以是业务伙伴，是因为他们能为企业提供更好的人力资源系统，帮助企业降低成本。员工支持者之所以是业务伙伴，是因为他们通过员工承诺与专业能力，确保了员工对企业的高贡献度。变革推动者之所以是业务伙伴，是因为他们通过转型和使企业适应不断变化的业务环境来帮助企业。

要扮演好"业务伙伴"这一角色，HR 人员必须具备多方面能力：一是组织诊断的能力；二是流程再造的能力；三是了解员工并提供服务的能力；四是协助企业管理文化转型的能力。作为业务伙伴的 HR 人员通过战略执行、HR 效率提升、员工承诺和文化变革，为公司创造价值。

承担任何一个角色的 HR 人员都应尊重承担其他角色的人。一次演出的成功，需要剧团所有角色的整体配合，如果某个角色的扮演者狂妄自大而不尊重其他角色，演出的整体效果就会受损，人力资源领域也是如此。对于整体的业务伙伴角色来说，上述 4 个角色缺一不可。但在企业发展中，企业通常更加重视人力资源，对其战略合作伙伴与变革推动者角色持有强烈认同感，而并未深刻认识到人力资源效率大师和员工支持者两大角色的重要性，认为这两个角色的作用是微弱的。这种想法是不可取的，会对人力资源职能优化造成阻碍。

二、人力资源业务伙伴胜任力模型

人力资源业务合作伙伴（HRBP）胜任力模型主要有整合者维度、专业人士维度、员工伙伴维度和咨询顾问维度4个维度，包含胜任力要素个数分别是10、6、6、8。接下来将对每个维度和每个胜任力要素进行含义解析。

（一）整合者维度中的胜任力要素

整合者维度，是人力资源业务合作伙伴角色定位必不可少的一个角色。在人力资源业务合作伙伴的胜任力模型中，整合者维度要求人力资源业务合作伙伴在创新、变革、学习及资源整合过程中，坚持将人力资源管理政策、企业战略与业务单元战略三者进行有机结合并在业务单元的日常工作中彻底执行。为公司提供可靠的人力资源保障，帮助业务单元实现目标，并促进企业长远战略目标的实现。在整合者维度中包含的胜任力要素分别如下。

一是倾听反馈能力。做一个合格的倾听者的同时要学会宽慰别人。聆听来自于基层员工的倾诉，从中快速反映出员工提到的问题并思考相关决策。

二是系统思维。在分析和处理问题时，要从大局考虑而不是个人，对问题产生的因果关系进行系统分析，最终制定出符合整个系统诉求的解决方案。在处理问题时，善于抓住问题的关键因果，从而轻松得出最优解决方案。

三是战略管理知识。积极学习关于企业战略管理方面的知识，以帮助自己在创新、变革、学习和资源整合过程中更好地让人力资源战略管理为业务单元战略和企业战略服务。抓住学习机会，不断更新自己的战略管理知识，让自己的认识和角色定位与时俱进，提升企业人力资源管理效率。

四是推动变革。勇于面对企业发展过程中出现的变革，充分理解企业变革需求，制定出符合变革趋势的人力资源管理决策，以帮助企业顺利度过变革时期，保证企业变革可以顺利开展和结束。

五是创新能力。对于新的管理理念和管理方式保持开放和接受的心态，并不断在业务单元实际工作中有的放矢地进行实践。对于现有业务单元的人力资源管理中存在的问题，果断判断并创新出最优解决方案。尝试用新的管理理念和管理方式解决实际工作中遇到的问题。

六是灵活性。要学会适应不同的环境和人群，在此基础上有效地进行工作，对与自己持相反观点的人给予理解和欣赏，不要想着让环境适应自己，而应该是自己适应环境。

七是责任心。具有高度的承担责任的能力，时时刻刻奉行组织利益高于个人利益的原则。工作中出现失误，勇于承认并改正。对于自己的工作责任从头至尾地贯彻落实，负责到底，发挥主人翁的精神。

八是关系营造能力。在处理好人际关系的基础上，要壮大自己的社交网络。让自己完全融入业务单元中，与业务单元负责人和员工建立友好的工作关系，从而有利于自己人力资源管理政策的实施。

九是资源整合能力。合理利用可以用到的所有资源，更好地达到最终想要的效果。合理配置各种资源，物尽其用，发挥各种资源的最大效用。

十是沟通协调能力。妥善处理好工作中各方面关系，减少矛盾与冲突，善于激发工作热情。在工作团队中进行有效沟通，使团队中所有成员都清楚地知道工作目标是什么，调动其积极性，努力完成目标。

（二）专业人士维度中的胜任力要素

专业人士维度的要求源于业务单元实际人力资源管理工作的需要，人力资源业务合作伙伴需要具有系统的理论知识与实践技能、丰富的人力资源管理经验；在需要时刻向业务单元负责人和员工提供建议；把业务单元中遇到的问题准确反映给人力资源专家和共享团队进行解决；构架起人力资源管理团队与业务单元之间的沟通桥梁，从而更好地服务业务单元。在专业人士维度中包含的胜任力要素分别如下。

一是主动性。对岗位要求有全面而深刻的认识，能严格约束自身行为，以适应岗位需求。对于工作中出现的挑战和难题，主动承担和采取行动。对于工作中可能出现的机遇或者机会，具有很好的预见性并提前采取应对措施。

二是行政专家。在业务单元的日常人力资源管理工作中遇到问题时，冷静思考，审时度势，果断决策。以自己的专业知识和技能化解问题，避免问题扩大和恶化。利用自己的专业知识和技能解决问题或者将问题及时反馈给人力资源专家和共享中心来获得解决方案。

三是运营管理知识。知道企业是如何运作的，项目是如何实施的，在此基础上达到不断更新的状态。

四是问题解决能力。问题出现时，冷静思考判断问题的原因并主动寻求各方资源来支持问题解决。找到问题的原因，分析问题，并且及时将问题反馈给人力资源专家、共享中心和业务单元负责人。在各方的共同努力下，寻求最佳解决方案。

五是法律知识。在业务和人力资源方面，要学习并掌握相关的法律手段来维护自身的权益，熟知各种人力资源相关的法律法规和制度，以遵守各种法律法规为出发点制定企业人力资源政策和决定。

六是分析判断能力。对于各种问题和情况的发生都有自己的判断和思考。利用多种信息渠道，在冷静的状态下找出解决问题的关键点和关键人物。

（三）员工伙伴维度中的胜任力要素

员工伙伴维度要求人力资源业务合作伙伴以员工利益为出发点因地制宜地实施人力资源管理政策。人力资源业务合作伙伴需要及时将员工对于人力资源管理政策的各种反馈传达给业务单元负责人和企业管理层，保证政策的制定和实施符合员工的利益诉求。尊重他们对于公司政策制定和实施的意见反馈，尊重他们对于人力资源管理政策的真实想法。人力资源业务合作伙伴需要在业务单元中与员工建立友好的团队合作关系，帮助他们将自己的真实想法积极完整地和相关人员进行沟通。在员工伙伴维度中包含的胜任力要素分别如下。

一是人际理解力。善于人际关系管理，有效识别业务单元中的各种人际关系团体。主动帮助有需要的人，得到他人的认可。

二是团队合作意识。要将你所在团体内的成员看成是你的伙伴而不是一个竞争者。在工作环境中潜移默化地培养团队合作意识。在日常工作中注重团队建设，凝聚团队力量，优化团队成员责任能力，使团队意识贯穿于业务单元目标实现的全过程。

三是亲和力。要学会理解他人，知道他们想要什么，然后针对性地做出行动，并在此基础上，建立紧密的人际关系。

四是乐群性。为人要合群，做什么事都要想着与人合作，喜欢和群体一起工作。

五是建立信任的能力。对于他人在工作中的进步和取得的成绩公开表扬。为员工个人发展提供平等的竞争机会。公开公平地处理员工绩效问题。坚持自己为人处事的原则，增强人与人之间的信任和尊重。

六是学习领悟能力。在学习上要有足够的激情，没有学习机会时要学会创造机会，增强自己的学习能力。

（四）咨询顾问维度中的胜任力要素

咨询顾问维度是要求人力资源业务合作伙伴可以为企业提供变革战略咨询的一种胜任力要求。充分了解企业变革实质和方向，从战略层面提供专业的人力资源管理建议，帮助企业顺利度过变革时期。人力资源业务合作伙伴立足自身日常工作，提供符合企业变革需求的建议是帮助企业顺利实施变革计划的重要步骤。在咨询顾问维度中包含的胜任力要素分别如下。

一是客户导向。在业务单元的人力资源管理工作中，人力资源业务合作伙伴是服务于业务单元发展需要的。人力资源管理工作的内容仅仅围绕业务单元需求展开。以业务单元需要为导向，有针对性地落实相关政策。

二是人力资源管理知识。掌握理论知识和基本技能，积累实践经验。利用自己已有的知识和技能为企业高层管理者、业务单元负责人和员工提供专业诚恳的建议。

三是影响力。具备引导他人认同某种观念或看法并付诸行动的能力。通过自己的一言一行不仅应对企业和业务单元产生影响，还应对员工产生影响，以引导各方朝着正确的方向前进。

四是抗压能力。在艰巨的外界环境下，要学会调节自身状态，时刻以一个自信者的身份出现。工作中存在来自于各方的压力。在紧张的氛围中，保持冷静，控制自己的情绪，将压力变成动力，层层消除工作中遇到的阻碍和困难，将劣势转变成自己的优势。不被外界的人或事影响自己的思考判断能力，让自己做出正确的决策。

五是表达能力。要有可以完整表述内心所想的能力，这不仅仅体现在说话上，也体现在文案当中。熟练运用专业文字准确表达出自己的真实看法，并可以通过口头表达方式与他人无障碍交流自己的想法。

六是说服力。让自己的话语或者行为显得有可信度，从而影响别人对自己的看法，最终可以更好地完成工作。通过强有力的说服能力，引导关键人物在解决问题时贡献力量。

七是业务知识。透彻了解业务部门的工作内容，保持商业上的敏感度，在问题出现的同时可以快速想到解决办法。

八是服务意识。希望帮助别人满足愿望。人力资源业务合作伙伴的工作内容和工作重心都是围绕业务单元发展需要展开的。人力资源业务合作伙伴价值在于提供专业的人力资源管理建议，并将实际问题及时反馈给人力资源专家和共享中心并寻求帮助。

第二章 人力资源管理的内外环境

第一节 人力资源管理环境

人力资源管理对于任何一个组织而言都具有极其重要的现实意义，尤其是在市场经济环境下，组织人力资源管理已成为影响企业发展的一大因素。系统论告诉我们，任何事物并非孤立存在，都会受到各种因素的影响，都是在一定的环境条件下生存并发展的。人力资源管理同样如此。正如同研究管理就要分析对其产生影响的环境一样，对人力资源管理进行研究也必须将对其产生影响的环境要素考虑进来。明确对人力资源管理的存在和发展产生影响的环境要素及条件，有助于实现人力资源管理活动与环境的一致和谐。

一、人力资源管理环境的分类

人力资源管理环境是一个综合体，涵盖了对人力资源管理有一定影响力的多方面因素。无论是组织内部还是组织外部，都存在着一些影响人力资源管理的因素。因划分标准不同，人力资源管理环境的类型也会存在差异。从性质来看，有自然环境与社会环境之分；从环境能否直接作用于人力资源管理活动来看，有直接环境与间接环境之分；从组成要素的多寡来看，有复杂环境与简单环境之分；从环境变化程度来看，有动态环境与稳定环境之分。当然，人力资源管理环境的分类方式不限于此，其类型划分仍然是该领域内的一个重要课题。

根据系统论，组织是一个由相互联系、相互影响的各个子系统所组成的开放系统。作为开放系统，组织一方面要与所在的外部环境进行物质、能量、人才等各方面的交换，另一方面还要加强其中各个子系统的协调与配合，以有效地达成组织目标。人力资源管理就是其中一个不可或缺的子系统，其运转会受到组织内外各种环境要素的综合影响。因此，基于系统论的相关理论，人力资源管理环境主要有外部环境和内部环境两大类。其中，外部环境是指组织边界及能对人力资源管理产生影响的相关因素；内部环境是组织边界之内能对人力资源管理产生影响的各种因素，如图 2-1 所示。

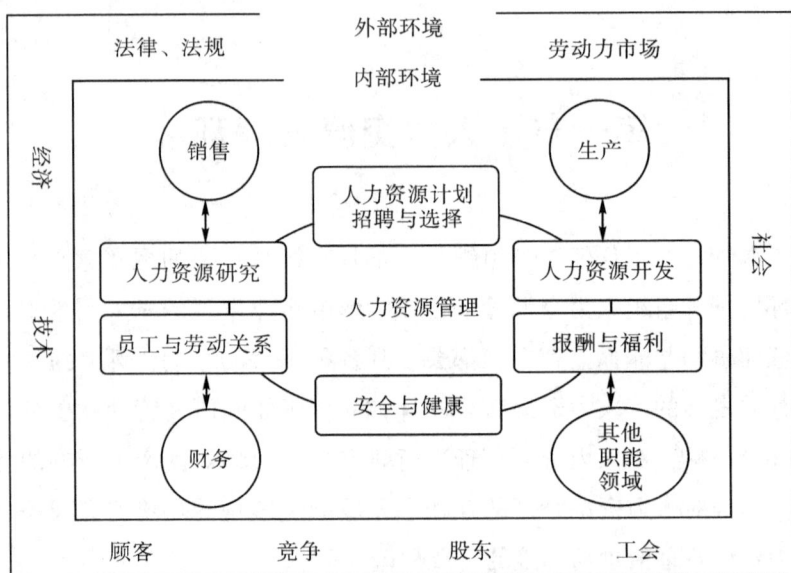

图 2-1　人力资源管理环境构成

二、人力资源管理环境的分析

人力资源管理活动是在特定的环境中发生的。人力资源管理环境必然会对人力资源管理活动或行为产生直接或间接的影响，而人力资源管理环境的变化也要求人力资源管理活动、手段和方法随之进行调整。对环境的分析和辨识对组织采取具有针对性的人力资源管理活动具有非常重要的意义。如何分析环境因素对组织人力资源管理活动的影响程度呢？在这里，我们引用美国著名组织理论学家汤姆森（J. D. Thompson）的观点，利用环境变化程度与复杂程度两大指标来对人力资源管理环境进行综合分析。环境的变化程度主要是辨别人力资源管理环境中的各要素是否发生变化，以及发生何种程度的变化（通常与变化的可预见性有关），通常用稳定或动荡来对其进行描述。对于环境复杂程度的认识，可借助构成人力资源管理环境的要素数量与类型来把握，要素数量和类型越多，环境就越复杂。而影响人力资源管理活动的要素越少，环境就越简单。从环境变化程度与复杂程度两个指标来看，人力资源管理环境主要有 4 种不同类型，如图 2-2 所示。

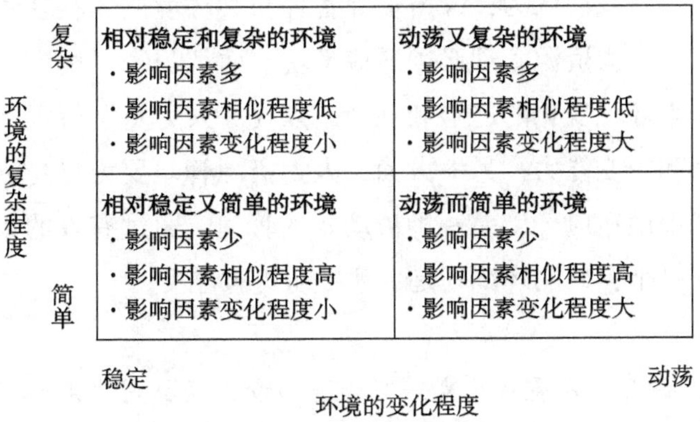

复杂	**相对稳定和复杂的环境** ·影响因素多 ·影响因素相似程度低 ·影响因素变化程度小	**动荡又复杂的环境** ·影响因素多 ·影响因素相似程度低 ·影响因素变化程度大
简单	**相对稳定又简单的环境** ·影响因素少 ·影响因素相似程度高 ·影响因素变化程度小	**动荡而简单的环境** ·影响因素少 ·影响因素相似程度高 ·影响因素变化程度大
	稳定　　　　　环境的变化程度　　　　　动荡	

（环境的复杂程度）

图 2-2　人力资源管理环境分析

（1）相对稳定和复杂的环境。这是一种影响人力资源管理活动的要素比较多、相似程度低，但变化的速度比较缓慢的环境。通常处在这种环境中的组织多运用分权组织形式，而且高度重视内部协调。对人力资源管理模式的构建与优化，关键在于对复杂要素的分析上，也就是确定哪些要素影响更大，哪些要素是次要的，并据此做出正确决策，设立科学方案。

（2）相对稳定又简单的环境。这种环境最容易分析，其中涵盖的要素较少，而且变化程度较小，处理难度也相对较低。在这种环境下，管理者可以通过集中的控制和制度约束及采用程序化的方式来使组织正常运转。这种环境下的人力资源管理比较简单，而且容易掌控，只要依据组织内既定的人力资源管理政策、制度、规章、流程等即可做出正确的决策。

（3）动荡又复杂的环境。这种环境最具复杂性，其中涵盖的要素较多，而且各要素相似程度低，变化程度较大，一些要素甚至首次出现，管理者缺乏相关经验，因此人力资源管理难度最大，也最难掌控。要求管理者不但要对影响人力资源管理活动的要素进行分析，还要对这些要素的变化程度做出正确的预测。因此需要充分发挥各个方面的积极性与主动性，主动"应战"，多提新方案、新设想。

（4）动荡而简单的环境。这是一种要素少、相似程度高、变化程度大的环境。处于这种环境中，一方面，要重视组织内部的规范管理，另一方面，组织要有较高的适应能力和应变能力。对此，要善于预测，提前做好准备，以免不良环境因素对企业运转造成破坏。

基于以上认识，我们认为，人力资源管理与其环境之间存在着一种双行道式的关系：一方面，人力资源管理必须适应环境，而认识和了解环境是适应环境的前提，要研究未来环境变化的趋势和规律，以提高人力资源管理活动对未来环境变化的适应能力和应变能力；另一方面，人力资源管理要为自身创造和选择一个良好的环境，如果说适应环境是一种被动式的管理，通过有效的人力资源管理改善、创造和选择一个良好的环境则是一种主动式的管理。

案例分析：

JD 公司实力强大，发展势头良好。为进一步提高公司发展水平，高层管理者要做出一项至关重要的投资决策，即在西部经济发展水平较低的地区投入大量资金，建设一个纸模生产基地。以往的包装材料主要有木材与不可降解的塑料两种，这些材料一方面会对环境造成破坏，另一方面也会引发资源浪费。为避免环境破坏和资源浪费，可使用农业废弃物和野生植物取而代之，如秸秆、芦苇等。这些包装材料既有助于缓解自然资源过度开采与资源缺乏之间的矛盾，也有助于实现对废弃物的高效利用，起到环境保护的作用，因而新型包装材料的开发有着广阔前景。JD 公司在深入考察西部地区环境资源的基础上，利用当地的有利环境建设纸模公司。该地秸秆、芦苇等资源较多，而且交通较为便利，可以同时解决资源和运输两大问题。相关人员对建设纸模公司的可行性和科学性做出评估，而且当地的人力资源环境也是其中一个能对投资决策产生重大影响的因素。JD 公司人力资源总监管理经验丰富，曾多次前去考察。在多方了解后，他提出了当地人力资源方面的问题：第一，该地区有丰富的劳动力资源，这些劳动力并无特殊技能，聘用成本低；第二，缺乏有工业生产技能的劳动力，熟练工人已流向经济条件较好的地区，当地熟练工人的数量难以满足企业需要；第三，当地的中高级技术人员与管理人员严重缺乏，企业必须从其他地区引进此类人才，这样才能保障企业的生产与管理；第四，当地经济条件较差，中高级人才的引进并不容易，对此要为优秀人才提供更好的待遇，这样才能在引进人才的同时留住人才；第五，当地现有劳动力缺乏企业所需的技能，因而必须对这些低层次劳动力进行培训，使其适应企业生产需要。了解当地的人力资源环境，是影响投资决策的一个必要因素，做到趋利避害，是纸模公司建立与发展的需要。

第二节　外部环境分析

人力资源管理的外部环境是指存在于组织边界之外的，对人力资源管理活动产生影响的所有要素和条件的总和。人力资源管理外部环境的范围相当广泛，举凡在组织边界之外同时对组织的人力资源管理活动产生影响的因素都包含在此范围内。学者通常会从一般意义上的政治环境、经济环境、社会文化环境、技术环境等到构成组织的外部环境加以分析，包括劳动力市场、法律法规、社会、工会、股东、竞争者、顾客及经济环境等。这些复杂的因素对人力资源管理的影响，有的是直接的，有的是间接的。

基于学者一般意义上的分析，在此从对人力资源管理活动影响更加密切且具有针对性的知识经济环境、跨文化环境、人力资源法律环境等方面，对人力资源管理外部环境加以分析和描述。

一、知识经济环境

知识经济是围绕知识与信息的生产、分配及使用而形成的经济，智力资源与无形资产在知识经济的发展中起着至关重要的作用。要获得人力资本的优势，就必须不断丰富知识资本，提高人力资源的价值，为企业应对激烈竞争提供强大支撑。与传统经济相较而言，知识经济呈现出新特征。以高科技行业为支柱产业，传统生产方式的转变，以创新为动力等特征都把人力资源的重要性提到了前所未有的高度。因此，人力资源管理必须在把握知识经济时代特色的基础上转变管理模式。

（一）管理对象交叉化

工业经济时代人力资源管理以职位为基础，强调个人的责权分明。而知识经济时代，组织内部并无截然分立的界限，无论是各个部门之间还是不同行业之间，几乎不存在绝对的边界。人力资源管理以团队为单位，跨团队的协作成为主流的组织管理模式。团队的构成形式相当灵活，或是横向的以各职能人员为核心的组合，或是纵向的各层级的组合，同时也可以是来自组织其他利益相关者的人力资源的组合。这样，组织人力资源管理的范围就不仅只局限于本组织之内，而涉及客户、供应商等群体，甚至覆盖同组织存在某种利益联系的群体。

（二）管理层次简单化

管理层次简单化，是知识经济时代人力资源管理的又一特色。具体表现为管理层次变少，管理幅度则呈增大之势。也就是说，组织结构形态从工业经济时代的高耸型结构转变为现在的扁平型结构。在发达国家经济发展中，一些跨国公司高度重视人员整合，通过削减中层管理者的数量来优化组织结构，由此使组织结构呈现出扁平化特点，这在知识经济环境下更为凸显。高耸型的组织结构就像一个"巨人"，体型庞大，反应迟缓，难以面对变化越来越快的市场并做出快速的决策，这也是高耸型组织结构将被扁平型结构取代的最重要原因之一。随着人力资本的不断提高，关注利润公式中的成本因素，通过降低成本来盈利，是企业获取竞争优势的一大选择。从这一维度来看，减员增产是导致人力资源管理层次简单化的一个显而易见的因素。

（三）管理手段先进化

进入知识经济时代，人力资源管理的信息化和数字化趋势日益鲜明。MIS这种新型的管理信息系统，自其形成之初就广受关注，它在人力资源管理中发挥着越来越重要的作用。该系统能将人员情况以数据形式存储起来，既便于日常决策的制定，减少人事管理的随意性，使其更加规范，同时也对非常规的决策制定发挥着指导作用。互联网催生了一次前所未有的技术革命。互联网技术的运用可以使公司管理人员无须穿梭于各个部门，就能开展人力资源管理工作，对大型公司的辅助作用尤为突出，相关管理者可借助网络平台实施人力资源调配任务。

（四）管理方法灵活化

方法灵活意味着不再拘泥于常规。管理者可根据实际需要突破原有规范的桎梏，因事而异，因人而异，因情况而异，真正做到灵活管理。在旧有的人力资源管理模式中，管理者总是希望依靠强大的制度实施有序管理，员工都被赋予明确而不可随意更改的职责。然而，在知识经济时代背景下，员工的自觉性和能动性得到激发，他们要主动应对个体职责及员工之间的不同分工。毕竟企业处于更为复杂的发展环境中，无论是企业内部还是企业之间都对协作提出了更高要求，而且形成了比以往更加明显的依赖性。对此，如果依然利用严格的制度开展管理工作，将会导致组织不够灵活乃至僵化。因此，知识经济时代要求使用灵活、及时、高效的人力资源管理方法。

（五）管理情境虚拟化

建立在传统生产基础上的经济理论与管理理论，对组织的分析与评估遵从的是线性发展的思想。因此，这些理论有一定的局限性，并难以阐明这一现象：在资本、信息、技术、人才及产品等在全球自由流动的经济发展形势下，企业呈飞速增长之势，甚至能达到上千倍的增长。20 世纪末期，知识经济逐渐萌生，信息技术走上了快速发展的道路。世界各地的不同人群间的知识和信息流动更加自由、顺畅，进而推动了经营理念和管理方式的转变。牛津大学教授迈天在《虚拟企业——新经营革命》中指出："资本主义的传统生产要素被描绘成资本、劳动力和土地等自然资源。在今天，最重要的生产资源却不是这些，而是无所不在的知识和信息。知识和信息通过对传统生产要素的整合和改造，对公司的发展创造了新的价值。"在知识经济时代环境中，人们利用互联网建立虚拟组织，在互联网空间中进行虚拟经营，这种经营方式日益成为一些组织的发展模式。在虚拟经营模式下，人力资源与知识发挥着前所未有的作用。组织内部成员所拥有的知识就是企业实现战略目标的基础性支撑，企业内部知识、信息资源、人力资源及业务活动的协调与配合就显得更加重要。同时，管理情境的虚拟化要求对员工充分授权，以团队为单位进行激励，充分发挥团队的效率等，也使得传统人力资源管理的基本业务如薪酬管理、培训、招聘等工作呈虚拟化的趋势。

二、跨文化环境

文化主要指人们的观念形态，具体表现为价值观念、伦理道德、风俗习惯、宗教信仰等，它对社会发展有导向作用。对于不同民族和国家而言，因历史传统、政治制度、经济发展程度等的差异性，其文化也各有特色。不同的文化环境必然会对人力资源管理产生不同的影响。我国已成为世界贸易组织的一员，与世界其他国家之间的经济往来更加频繁，一方面，中国企业跨出国门，融入国际市场；另一方面，外资企业逐渐认识到中国市场的价值，并进入中国市场谋求发展。在这种发展形势下，必须将自身的资本、技术、管理经验、研发等与所在国家的人力资源、市场环境、文化环境等优势相结合，从而使跨国公司在跨文化环境中获得发展。

跨文化研究已获得一些成果，其中最具影响力的当属著名的荷兰学者霍夫斯蒂德的理论框架。霍夫斯蒂德从权力距离、不确定性规避、个人主义与集体主义、男性主义与女性主义4个不同维度出发，对跨文化环境作出深入剖析。这对于人力资源管理活动的实施具有重大意义。

（一）权力距离

权力距离是指一个社会对组织机构中权力分配不平等的情况所能接受的程度。通常情况下，权力距离指数的高低在很大程度上决定了权力距离的大小。通过对调查结果的统计分析，霍夫斯蒂德指出，权力距离指数的大小体现了各个国家对于人与人不平等问题的倾向性，也反映了一个国家社会成员人际关系的依赖程度，体现了上级与下级间的社会距离。通常来看，权力距离指数大，则表明组织内部存在极大的权力差异，员工将上级奉为不可撼动的权威；反之，权力距离指数小，对于员工来说，上级仍有权威性，但他们并不会畏惧上级。

在权力距离指数大的国家中，往往从社会上层群体或知名大学毕业生中挑选管理人才。因这些人才本身就有较高的素质和一定的领导能力，员工培训的重点在于服从和可依赖性；绩效考核方面，主管人员对考核指标设定起主导作用，下属认为应该等待上司给自己布置任务。相反，权力距离指数小的国家在人员招聘与甄选、培训、绩效考核等人力资源管理活动上则表现不同。权力距离指数小的国家，管理人员的招聘甄选更多地依据个人的工作表现及业绩；培训主要是针对自主能力的提升，培训方式较灵活；绩效考核指标由主管人员和下属人员一起制定，考核方式可以是多维度、全方位的绩效考核法。

（二）不确定性规避

不确定性规避是指社会感受到的不可预测性和难以确定的情形的威胁大小，

并希望通过完善规则、扭转言行、遵从专家意见等来消除这种威胁。不确定性回避的强弱是通过不确定性回避指数（UAI）来评估的。在不确定性回避指数高的国家，内部成员绝对遵从规则，不能容忍不寻常的观念与行为，他们深信绝对真理的存在，其工作流动性较低。

不确定性回避指数大的国家，人员招聘重点考察应聘者对组织的忠诚度和自身优势；员工培训更加重视专业化程度，以增强竞争力，寻求安全感；在绩效考核方面，由于员工不愿意承担有挑战性的工作，因此通常根据资历、专长、忠诚度来进行考核。在不确定回避指数小的国家中，管理人员的选拔往往依赖于其自身的学历与以往工作业绩；培训更强调适应性，并鼓励员工进行创新；绩效考核的指标主要根据个人表现来设定，是基于个人业绩的考核。

（三）个人主义与集体主义

个人主义是指一种组织松散的社会结构。基于个人主义的存在，组织内部成员过于关注自己及其与自身休戚相关的其他个别成员。集体主义则是在有内部与外部之分的社会结构中，一方面成员希望得到内部群体的关照，另一方面该成员也会对组织有极高的忠诚度。个人主义和集体主义倾向是利用个人主义指数来评估的，指数越大，表明组织的个人主义倾向越突出；指数越小，则表明组织的个体主义倾向越微弱，集体主义倾向更凸显。

在集体主义倾向明显的国家中，人们善于从与自身存在某种联系的群体内部选拔管理人员，特别是与其关系密切的人，如亲戚、挚友等，这要比个人素质、领导能力等方面的突出表现更为重要。而在个人主义倾向明显的社会中，其中的成员往往会认为对亲戚、挚友等特殊对象的偏袒是不可取的，并不被他们所认同。在个人主义的国家中，技能培养通常以获取个人成就为指向，其职业规划也仅仅以个人发展为追求，这都与组织发展不相契合，无法满足组织发展的需要。在个人主义的文化中绩效考核体系是正式的、公开的；而在集体主义的文化中员工的身份感来源于对集体的归属，强调以个人业绩为基础的考核方式会使得员工个人与集体分离开来，绩效考核方式也更为非正式和隐秘。

（四）男性主义与女性主义

男性主义与女性主义是指社会中男性价值观占据主导的程度，其倾向用男性度指数（MDI）来衡量。在男性度指数大的社会中，表现出过分的自信，追求金钱和物质，不关心别人，重视个人生活质量；相反，在女性主义特性明显的文化中，则更重视人与人之间的关系，并对他人的幸福表现出敏感和关心。

在男性价值观占据主导的社会中，工作的性别区分往往是显而易见的，不同的工作对男性和女性的侧重点截然不同。人们通常会将工作视为个人生活至关重要的一部分；因工作是人们生活的重中之重，工作过程中的突出表现得到肯定，可谓是最主要的激励因素。因此培训注重个人的职业发展，在绩效考核指标的设定上也体现出了男女的差别。在女性主义的文化中，工作与性别无关，人们要求更多的是闲暇、较长的休假时间及对生活的享受，由于更加注重生活质量，愿意享受更多的闲暇时间，因此培训的内容及形式等均与企业有关。此外，女性主义的国家性别差距较小，组织可以根据工作表现对员工进行绩效考核。

三、人力资源法律环境

在社会的有序运转中，法律法规的地位与作用是不可替代的。法律的实质就是对个人或者组织的行为规范及其相互关系所做的一种规定，其制定主体一般是国家立法机关。法律具有强制性，对各行为主体发挥着导向与制约作用。企业是一种特殊的组织形式，其运营活动必然要接受法律的约束与引导。围绕人力资源管理而构建的法律法规体系，是当前法治社会中人力资源管理有序运行的需要，能保护企业与员工的合法权益，维持和谐、有序的劳动关系。在人力资源管理法律体系中，各个法规都有其独特功能，但都以协调劳动关系为根本指向，从而维护人力资源管理的有序性，保证企业业务活动的开展都在法律规定的范围内进行，保障劳动者的合法权益，净化工作环境。人力资源管理活动的有序开展，有赖于相关法律法规的约束和维护，因而管理人员要熟悉这些法律法规，保证各项工作都在法律规定的范围内实施。

（一）人力资源管理法律体系的作用

人力资源是否有强大的法律保障，关乎人力资源社会性保护程度。人力资源管理法律体系有以下几种作用。

一是保护作用。世界上任何一个国家都有其自身的运行机制。其中既有积极的成分，同时也不可避免地存在消极成分，消除这些消极因素形成的阻力尤为重要。对于人力资源保护，若涉及这些不利因素，它们就会成为一种阻力，一方面破坏人力资源保护工作的实施，另一方面与社会保障抗衡。法律机制具有强制性。这种强制力量有助于清除人力资源保护中的消极力量，优化人力资源管理环境，促进人力资源管理的顺利实施。因此，要构建人力资源社会保护机制，并使其发挥成效，就必须依赖于法律机制的强制约束力。

二是稳定作用。毋庸置疑，法律机制既有强制性，也有表现出一定的稳定性。它在人类社会的各个领域发挥效力。依托法律机制明确人力资源保护的各项要求，并将其以法律形式确立下来，既是人力资源管理的需要，也是适应社会发展形势的具体体现。

三是倡导社会公平。人力资源法律既对弱势群体起到保护作用，又对促进社会公平、避免用工歧视、保护员工权益等具有积极作用，有助于在社会各个阶层营造公平、公正的优良环境。

四是完善法制建设。法制建设并不是一蹴而就的，而是一个困难重重、不断探索的过程。人力资源是各种资源中不可或缺的一种资源，对于社会进步和国家发展至关重要，因而要加强构建人力资源法制体系，为人力资源提供强大保障。对于我国，这也是依法治国必不可少的步骤。

（二）人力资源管理法律环境的构成

组织管理的所有行为，包括人力资源管理，必须在政府法律和法规规定的范围内，遵循法律规定的规则。政府法律、法规的制定往往是社会和经济的变迁引起的，反映了时代的要求。法律和法规要求社会中的所有组织做或不做某种行为或活动，以此保护公共利益及组织和个人的合法权益。同时，人力资源管理行为也并非单纯是一种技术行为，在许多层面涉及法律问题。人力资源管理各种问题的出现促使政府制定和颁布法律法规，以规范组织的人力资源管理活动，保障劳资双方的利益，维护公平的竞争环境，促进整体经济活动的发展。

美国人力资源法制建设已获得显著成效。20世纪中叶以来，美国政府不断完善人力资源领域的法律规范，对人力资源管理活动施加约束力，以清除其中的各项消极因素。这些法律法规涵盖广泛，如工资立法、劳动保障立法、公平就业机会（EEC）和肯定行为（AA）的准则及集体谈判。政府在人力资源法制建设中的地位是不可撼动的，同时工会所发挥的作用也不容忽视。美国法律对劳资双方的行为都有明确规定，这是目前全球范围内较为完善的有关人力资源的法律机制。

在人力资源法律法规日趋受到重视的全球形势下，我国的人力资源法律体系逐渐由匮乏走向完善。自新中国成立以来，我国政府以宪法形式明确劳动问题，而且高度重视行政机制在协调劳动关系中的作用，法律手段次之，这就造成我国有关劳动的法律体系建设受到阻碍。随着法制化进程的加快，我国劳动立法日益完善，以《劳动法》为主体的劳动法律法规体系得以形成，企业行为受到法律规范的约束，而劳动者的合法权益也得到维护。有关劳动的法律规范主要有《关于实施最低工资保障制度的通知》（1994）、《劳动法》（1995）、《〈国务院关于职工工作时间的规定〉的实施办法》（1995）、《劳动合同法》（2008）、《就业促进法》（2008）、《社会保险法》（2011）等。这些法律规范从各个角度规定了劳资双方的权利与义务，对于维护市场经济秩序发挥着不容忽视的作用。

四、外部环境下人力资源管理转型之策

（一）人力资源管理的战略化

进入21世纪，国内外环境不断发生变化，人力资源对企业的发展更加重要，其已成为影响企业发展水平的核心资源。企业要在激烈的市场竞争中取胜，在掌握传统生产要素的同时，更要关注人力资源的开发与利用，从而为增强企业实力提供源源不断的力量。在知识经济愈演愈烈的发展背景下，人力资源管理的战略价值成为企业共同关注的焦点。战略性人力资源管理深受关注，人力资源的地位大幅提升，已成为影响企业实力的核心要素。毋庸置疑，企业实力的增长与员工职业能力的提升密切关联。基于人力资源管理战略地位的形成，人力资本的投资成为人力资源管理的一项关键性工作。在优化员工发展环境的同时，发掘员工潜能，做到人尽其用，显得至关重要。因此，要积极打造能发挥员工价值的发展平台，为员工提供多方面支持，既要使员工承担起相应的责任，也要给予其一定的权力，促使员工更好地施展自身才能。而且要建立员工激励机制，激发其工作热情，促进其职业能力的提升，从而使企业获得更大的竞争力。对此，人力资源管理者也要协助其他部门的工作，成为其战略伙伴。要促进企业实力提升，人力资源管理的价值日益凸显，人力资源管理部门将承担起更大的职责，既要完成相关管理工作，也要积极参与企业战略，成为企业变革推动者。人力资源管理者在完成相应的行政任务的同时，也要逐渐被赋予战略合作伙伴、高层管理者的咨询顾

问、员工支持者等角色，并要扮演好各种角色，这是一项重大挑战。

（二）人力资源管理的规范化

随着国内人力资源管理制度体系日趋完善，法制环境逐渐得到净化，人力资源管理也更多地受到规范调节。根据《企业人力资源管理人员国家职业标准（试行）》（劳社厅发〔2001〕3号）的规定，企业人力资源人员必须持有相应的职业资格证书才能上岗。近年来，越来越多的高校设置了人力资源管理专业，很多院校还设有相应的硕士与博士学位授予点。专业的开设和硕博学位点的设立，足以表明人力资源管理的职业化和专业化程度不断提高，未来将会培养出更多的优秀人才，人力资源管理会获得强大的人才支持。同其他发展完备的专业一样，人力资源管理专业有其自身的知识结构体系，也有独特的技能要求。未来，人力资源领域中的专业人才将不断增多，人力资源管理也会获得更广阔的发展前景，到时将不会再有未经过培训、未做准备、不受任何约束、不专业、只靠经验管理的人力资源从业人员存在和发展的空间。

（三）人力资源管理的全球化

跨文化环境下，由于各国人力资源管理理念及相关法律法规存在很大差异，再加上各国的文化、习俗、经济发展水平不一，国家之间不同的政治理念等，人力资源管理必然要具备全球化眼光，做到因地制宜，灵活调整。外籍员工的管理、驻外人员的管理、本国人员的管理等都是当前开放环境下人力资源管理无可回避的突出问题。首先，在全球化潮流中，员工与经理人员都应具备全球化的视野与理念。其次，正确认识人力资源市场竞争的国际化、人才流动的国际化及无国界的人力资源市场。最后，跨文化情境下的人力资源管理涉及不同种族、不同地域、不同信仰的员工的协同管理。企业全球化进程中产生的不同管理制度、不同企业文化、不同公司治理体系、不同薪酬福利制度、不同劳动制度等都是值得关注的议题。

第三节　内部环境分析

人力资源管理的内部环境是指存在于组织边界之内的，也就是指在组织系统之内的，能影响人力资源管理活动的各种要素的总和。与外部环境的不可控性相比，内部环境的各种要素都存在于企业内部，都在企业能够触及的范围之内。本节拟从组织战略、管理对象、组织结构、组织文化等方面来分析人力资源管理的内部环境，并据此提出相应的策略。

一、组织战略

组织战略设定组织的长期目标，解决诸如进入什么行业，如何与对手开展竞争等问题。组织在各个层次上都会涉及战略问题，除了整个组织层次的战略，企业中的每个事业部都会涉及部门层次的战略问题，而每个事业部的战略又都需要各个职能战略的支撑。职能层面的战略主要指财务战略、市场战略、研发战略、人力资源管理战略等。这些战略的基本目标是为更好地服务于整个组织和所在事业部目标的达成。组织战略与人力资源管理战略之间互为影响，前者直接决定后者，同时后者作为一项职能战略又直接支持前者的实现。只有实现人力资源战略与组织战略的协调一致，才能够帮助组织获得竞争优势，最终实现组织目标。例如，波特的竞争战略就对组织的人力资源管理战略产生影响：采用低成本战略的组织需要清晰地界定员工的工作范围，规定他们的工作技能要求，强调在技能领域的培训，旨在提高员工的生产效率，薪酬管理方面管理人员与下属的工资差距较大；实施差异化战略的组织强调员工具有创新和合作精神，不要求员工工作界限的明确，给员工赋予多种工作任务，关注员工的个人表现及绩效，为员工提供多种发展渠道。

二、管理对象

人力资源管理的对象已经不再是单一的工人群体，多元化的员工组成是人力资源管理内部环境的重要构成。员工的多元化具体表现为成员性别、国别、知识与技能等多个方面的多样性。多元化是差异与共性结合而成的综合体。从微观角度看，多元化表现为不同个体之间存在一定差异；从宏观角度看，多元化是多种差异的综合，不同个体既存在差异，也有共性。多元化有"表面"多元和"深层"多元两种不同类型。其中，"表面"多元与人口统计特征存在一定联系，一般是容易察觉的特征，如性别、年龄、国别、学历、语种、形象气质等；"深层"

多元体现的是与态度或性情相关的特征，如性格、价值观念、精神信仰等。管理对象的多元化，是人力资源管理内部环境的具体体现。在企业发展中，管理对象的多元化问题是普遍面临的问题，是伴随着时代发展而逐步形成的，而且日趋凸显。在新的就业环境下，各种类型的劳动力，如退休人群、不同学历的人群、少数民族人群等，都十分常见。随着经济社会的发展，当前的劳动力构成已发生了显著变化，在未来发展中还会产生新变化。例如，知识型员工所占的比重明显增大，而且他们对信任与沟通有更大需求。一方面希望获得广阔的发展空间，有更多地上升机会；另一方面他们渴望展现个人能力，发挥着自我潜能，做出重要贡献。再如，跨国公司中不同地域、不同种族、不同肤色的员工文化背景差异较大，其价值观、理念与习俗也是多元的。这就需要我们既尊重不同员工的文化差异性，又要对企业员工进行跨文化整合与有效激励，实现组织共同的愿景。

三、组织结构

组织结构对人力资源管理也有重要的影响。在传统的高耸型组织结构中，强调的是命令与控制。在这一模式下，组织准确把握员工的各项职责与任务，明确提出对员工的要求和期待，员工呈垂直式上升，职位越高，其所担负的职责也会更重要，待遇也会更优厚。这样，人力资源管理就会聚焦于最高管理层。与之不同的是，扁平化组织结构更多地赋予员工权力，而且成立由授权员工为主体的团队，组织会激励员工突破工作范围的限制，使员工具备胜任各项工作的能力，凸显员工的通用性，最大限度地发挥员工价值。在这种模式下，无论是培训还是待遇都呈现出水平晋升的特点。而在网络型组织架构下，多个公司在分析员工专长的基础上建立工作小组，由其承担规定的工作任务，重视员工的参与性。从人力资源组织结构的发展趋势来看，员工个体与工作小组在企业发展中的责任日益受到重视，工作小组的绩效甚至会成为备受瞩目的焦点。同时，组织设计、流程等的变革逐渐常态化，这也导致组织内部职位关系更具复杂性，职责界限逐渐被清除，员工的综合能力更显重要。传统的人力资源实践已经不再适应组织变革带来的变化，必须进行相应改变。

四、组织文化

组织文化也是影响人力资源管理的一个内部环境因素，是内部成员的价值理念和行为方式的综合反映。组织文化是组织内部环境的综合表现，对组织成员的观念与行为起到重大影响。组织文化的精髓具体表现在 7 个方面，如图 2-3 所示。

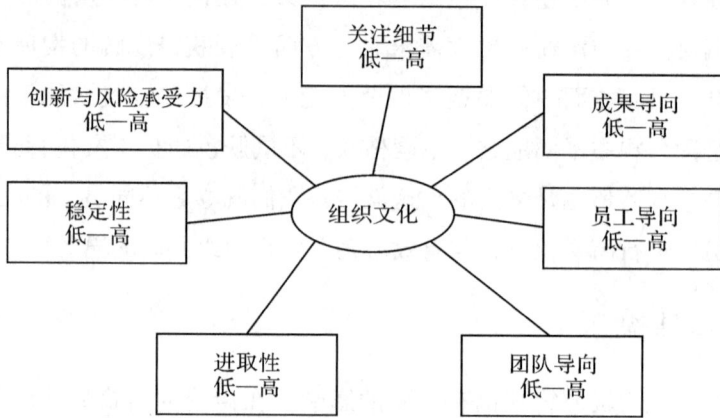

图 2-3　组织文化七大维度

文化具有强大的影响力和渗透力，组织文化也不例外。组织文化对管理工作有双重作用，既能为管理工作的实施提供依据，也能对管理活动的进行造成阻碍。在组织文化的产生与演变过程中，它逐渐融入管理者的各项活动中，并且会对管理活动产生一定影响。在人力资源管理工作中，各种管理方法的集合实际上就是组织文化的管理模式。管理者对组织文化的形成与发展具有引导作用，他们的观念与行为都会影响到组织文化的具体表现。例如，3M 公司的高级管理者、开发经理丹尼斯·L. 诺林说："我们在一个拥有许多技术、研发、开发和制造专家的高技术性组织工作……我的个人想法是让每一个 3M 的管理者都能从全面的管理观点出发进行思考。"

五、内部环境下人力资源管理转型之策

(一) 人力资源管理重心的转移

管理对象的多元化及人力资源管理内部环境的其他变化使得知识型员工的地

位逐渐提升。根据 2/8 法则，组织能否对创造企业 80%利润的这 20%的知识型员工进行有效的开发和管理就显得尤为重要。知识型员工的突出特点就是有知识资本，因此他们在组织中表现出强烈的自主性。对此，管理者既要为知识型员工自主性的发挥提供空间，也要重视人才流失的风险管控，保证组织要求与员工需求相协调。知识型员工的流动意愿强烈，他们通过工作保障个人生活的需求较弱，而对终身职业有突出要求，希望获得提升和发展，这就为人力资源带来巨大挑战。知识型员工的管理本质上是一种知识型的管理，是依靠创新思维与智慧而进行的管理。要科学实施知识管理，不仅需要先进技术，如智能系统，也要推进知识共享，增加知识储备，要求人力资源管理从业者把知识共享与创新看作是增强实力的基本支撑。

（二）人力资源管理价值的提升

组织内人力资源管理由过去的价值分配转向价值创造，其功能也逐渐由成本中心向利润中心转变。人力资源管理的基本追求在于，怎样才能在价值链管理中创造价值，即在发挥人力资本价值的同时完成价值增值。人力资源管理通过对组织战略和人力资源战略的准确定位，构建以核心人才为主的竞争优势，打造核心竞争力，为组织创造价值。价值链的管理由此成为未来人力资源管理的趋势。价值发现是人力资源管理价值链的首要环节，主要包括两大内容：一是以战略价值为引导的人力资源战略规划系统；二是以增加价值的方式设计的人力资源管理工作体系。要实现价值创造，必须认同管理者等重要主体在价值创造中的突出作用。根据 2/8 法则构建企业的核心层、中坚层、骨干层结构合理的组织体系，分层次、分类别地实施人力资源管理。价值评估是人力资源价值链中一个至关重要的问题，旨在通过设计科学的考核体系评判员工的贡献，并且使有重要贡献的人才得到充分肯定。价值分配与薪酬管理体系相连接，主要解决的是如何通过晋升、待遇、股权分配等来有效地激励员工的问题。

（三）人力资源管理导向的转变

人们通常认为，高水平的人力资源管理是优秀员工留任的核心影响因素。这些员工施展自身才华，创造出高质量产品，深入把握市场需求，增强企业竞争力，提高企业的赢利能力。基于顾客导向而建构的人力资源管理模式，则能通过吸收并维持顾客来彰显自身价值，从而使企业在激烈竞争中立于不败之地。顾客对企业持续发展的价值是不可估量的：一方面，能为人力资源管理工作的开展提供信息，如绩效考核所需的信息；另一方面，也能成为企业人力资源管理的参与者和支持者，如针对员工招聘、绩效考核等发表见解，从而不断提高人力资源管理水平。人力资源管理以顾客为导向，要求相关主体立足于顾客需求来把握人力资源管理的价值，重新审视人力资源管理的角色与任务。在这种人力资源管理模式下，顾客通常被划分为信息资源提供者、生产合作者、产品购买者和产品使用者4种不同的角色类型，这些角色对于人力资源管理发挥着不容忽视的作用。推进人力资源管理导向的转变，坚持以顾客为导向，是实施科学化管理的必要选择，有助于优化人力资源管理职能，进一步增强顾客对企业产品或服务的认可度，以新的视角助推企业发展。

第三章 人力资源管理的核心内容

第一节 入职培训与文化契合

每一位员工都在创造自己的个人成就曲线。有些人刚开始能快速起步，然后就停滞不前；而有些人却能加快步伐，依然保持昂扬向上的良好势头。员工在公司中始终处于产品生产和个人成长的良性循环之中，一个好的开始与快速的开始相比截然不同。

从公司利益角度出发从事员工研究40多年的希洛塔咨询公司，在新员工聘用方面发现了一些出人意料的现象。令人欣喜的是，大约90%的新员工在刚开始都是积极主动投入工作的，但跟踪一段时间后发现，出现了不同的情况。在前6个月的工作中，新员工敬业度水平显著下降，幅度高达20个百分点。希洛塔咨询公司发现，只有10%的公司能够在第一年成功保持员工敬业度水平。这意味着在大多数公司，员工初到公司时的正能量和工作热情，会在6个月内逐渐消失。为了帮助公司避免第一年中出现这样的损耗，人力资源分析就必须在确保新员工获得良好入职体验并为员工和企业带来良好收益方面发挥关键作用。

一、打造企业文化环境

通常情况下，每个企业都有自己独特的职场文化和价值观。虽然很多公司能意识到要营造独一无二的企业文化，但很少能认识到有些东西会使每个职场迥然不同。这可能是员工共创事业的激情、内植于企业无处不在的求知欲、完成任务的执行力及公司员工的紧密团结度。例如，一家总部位于美国马萨诸塞州的广告营销公司，集中力量以营销、线上调研等渠道搜索客户。该公司之所以能获得成功，企业文化是一个不可忽视的因素。公司内部成员已建立起开放、互助的良好关系，愿意在几乎所有事情上互相帮助，都能认识到合作是有价值的。大家坚信，人生苦短，短到没有时间与难相处的人一起共事。为了维护这些价值理念，招聘成为这种企业文化的一个关键推动因素。如果被聘用的人很难共事，不喜欢合作，也不愿意提供帮助，那么整个企业文化都将崩溃。

因此，成功入职变得尤为重要。一个新员工要知道什么对公司最重要，如何运用公司资源，如何成为具有创造性的团队的一员。抛开独特的公司文化，成功组织入职培训的关键之一是确保每个新员工理解并准确完成培训任务，重视公司使命和价值观，那么此新员工便可以在办公室高效地完成工作任务。数据分析在确保入职培训的效果和效率上扮演着重要的角色。

二、完善入职培训流程

一旦合适的应聘者被录用，他们需要适当的入职培训以确保他们与公司核心的商业目标、整体使命及企业文化保持一致。新员工需要对公司管理层和整个公司形成最好的第一印象。根据新员工的角色定位，为新员工提供资源、工具和引领指导的所有入职培训课程，应在前 3~12 个月内完成。

我们将员工入职培训定义为一个持续的人才管理流程，包括介绍、培训、辅导、训练及融入企业核心价值、商业愿景和整个企业文化，以确保新员工的忠诚度和工作效率。研究表明，当公司制定了有效的入职培训计划时，3 年工龄的员工的保留率提高到 58%。

通过入职培训、文化契合和敬业度提升等一系列活动和努力，可以提高新员工对公司的第一印象并创造商业价值。花费时间建立一个强大的入职培训计划，通过这种教化熏陶过程，可以增强员工的满意度，提高员工的忠诚度，提升员工的工作效率。就像客户接待流程一样，公司向新客户介绍业务时第一印象起到了非常关键的作用。新员工入职培训是人才管理过程中的一个关键步骤。如果走好这一步，当此新员工还在思考是否在该公司长期发展时就可以加快其决策速度。这就要通过运用数据情报来优化导师指导、学习训练和强化培训的效果，提高新员工的满意度，并帮助公司解决重要的人才管理问题。为顺利实施入职培训工作，要准确把握以下问题：一是企业怎样才能提高时间效能；二是提高时间效能和工作效率的核心驱动力有哪些；三是新入职员工责任意识、工作效率和进取精神的影响因素有哪些；四是入职培训对员工满意度产生怎样的影响；五是入职培训流程能对员工推荐计划产生怎样的影响；六是如何制定入职培训流程预算；七是入职培训流程会对员工流失产生什么影响；八是入职培训流程能对员工的忠诚度产生何种程度的影响。

入职培训流程就是一次以留住人才为聚焦点的良好体验，为所有新员工取得成功提供他们所需要的一切信息。入职培训数据分析有助于快速解决上述问题，激发新员工的热情，引导他们利用好公司资源，加速和优化胜任工作的时间，确保形成良好的信誉、担当和忠诚度。

三、明确入职培训各阶段的任务

超过75%的一流公司要组织新员工通过正式的入职培训流程。这个过程可以采取多种实践形式，如课堂交流、跨部门与跨公司的同事互动、网络在线和书面交流等。最好的学习方式是"在工作中学习"，在公司中效率最高的学习方式就是做好本职工作。另外，正式规范的入职培训流程是建立在公司内部信息传播持续通畅的假定之上的。因此，让现有员工参与为新员工设立的入职培训流程，有利于和现有团队一起巩固企业品牌。

在入职培训期间，依然要尽全力获得新员工内心的真实想法。有些企业曾经想尽一切办法得到了一个有才干的员工，他虽然人到了公司，但却没有全身心投入。签订劳动合同只是完成了人员招聘的第一步，新员工能否长期留任也是一个值得密切关注的问题。值得庆幸的是，在早期阶段新员工会沉浸在他为什么要选择这份工作的思量之中，良好的入职培训体验会增强他留下来的理由。

美国巨兽公司和邦仕马克企业管理咨询有限公司合作为实现强大的入职培训体验创建了5步大纲，让新员工更紧密地参与公司事务、监督过程进展，并帮助形成作为保留人才基石的信任纽带。数据分析有助于在此基础上构建有效的入职培训计划。

第一阶段——第一周，第一印象。

大多数员工将根据前3周的工作情况决定他们是否适合这家公司。因此，前几天和前几周至关重要，要让公司给人留下最初的好印象。例如，专门有人准备好所需的工具（令人遗憾的是，这种情况往往不会发生）；确保培训计划落地实施；把新员工介绍给工作团队；组织参观工作设施；认真审查手续流程。通过复核短期和长期工作计划进一步改进工作面谈和决策流程。

组织新员工就企业使命、价值观和历史进行学习。安排一位高管讲授在竞争环境下的公司战略和市场因素。分配好部门内的搭档和部门外的导师，这些人的作用就是快速可靠地答疑解惑。这也是获得改进招聘方法反馈信息的最佳时机。也可以向新员工提一些问题，如"什么说服你来到这里？""你觉得应该如何改进招聘方法？"等。

第二阶段——熟知和避免买家的遗憾（前30天）。

在第1个月，新员工要学会在现实的项目、问题和活动（而不是工作面谈）面前适应他们的角色和职责，要花时间与本部门管理者及其他与工作相关的团队领导者接触熟悉。这是了解重要的程序步骤（如申请费用）和与工作相关技术、技巧的最佳时机。

这也是养成"四处走动"习惯的好机会——在公司中非正式地建立人际网有助于了解公司的整体情况。分配的导师可以将新员工介绍给其他团队。与高级管理者一对一交往或集体接触，可以极大开阔视野。只与某个经理建立密切关系虽然很好，但如果该经理离开必然会带来员工留任风险。导师还应该在新员工入职2周的时候，提出以下问题：是否提供办公桌及其他设备？新员工能否在第一天给他人留下深刻印象？上司是否同新员工沟通？这是否是新员工想要的工作？新员工的知识与能力是否与岗位需求存在差距？

第三阶段——适应（90天）。

定位结束后，现在到了要记录一些具体成效的阶段，并且要将入职培训的重点从提供信息转移到提供反馈意见上。新员工如何有效地工作？与经理的关系怎么样？（经理和导师都应该问这个问题）如果新员工是领导者，此新员工是否与其他领导者建立了互信？

第四阶段——调整（6个月）。

尽管对公司的新鲜感逐渐消散，新员工仍然在不断熟悉和发展跨部门的人际关系，此时他应该已经成为团队的一个成熟员工。员工和经理应该能够用同样的术语描述他们的关系，描述同样的目标和愿景。新员工应该已经收到定期的绩效反馈，并开始制订成长计划。这是检查新员工敬业度和对公司目标、价值观及战略认同度的绝佳时机。

第五阶段——充分参与（1年）。

在为期1年的时间内，要通过领导能力、修养、工作生活平衡、工作满意度、同事关系、个人成长、企业品牌价值观等方面来衡量新员工的能力水平和敬业度。如果新员工对其中一项或多项不满意，他将有离开的风险。

以领导者角色加入的新员工，遵循与上述5个阶段大致相同的模式，主要区别在于领导者往往能赢得更多的敬业度评价。他们需要尽快取得一些成果，也需要通过倾听来判断文化、情报、政治和市场形势，这些将决定领导者是否成功。以最高级别水平留住领导者的衡量标准，是看他们能否成功实现既定目标，但他们也往往不是无所不能或洞察一切的，针对领导者的入职培训也需要一个积极可靠的反馈机制。失去一个领导者，就像在任何层级失去一个有才干的员工一样，表明该系统在吸引、获得和聘用人才上是失败的。一个正确的开始不一定能带来较长的任期，但是一个错误的开始则注定是在浪费时间、金钱和人才。

四、深入了解早期员工需求

基于40多年的工作研究和客户合作，希洛塔咨询公司发现，成功入职的关键是要确保员工在不同的入职培训阶段都能在良好的时间得到良好的体验。在入职第1年有4个独特的需求。图3-1显示了终身员工早期的每个独特需求。

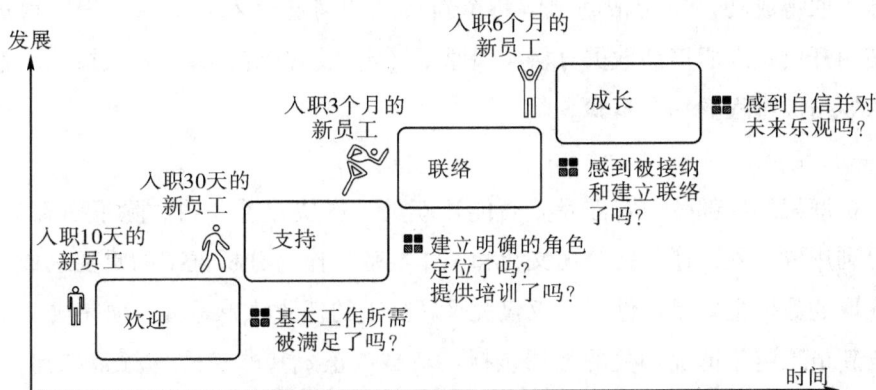

图3-1 前6个月新员工的主要需求

第一，新员工需要感到自己是受公司欢迎的。他们想要的几样基本东西是：相关信息、情况介绍和个人空间——一个备有工具和可利用物品的办公桌或工作区域。这些需求如果在最初几天或几周内得不到满足，新员工通常会变得焦虑，并会感觉到被人忽视。

第二，要让新员工感觉到他们得到了完成工作所需的支持和帮助。如果这些需求在入职第 1 个月没有得到满足，他们可能开始感到迷茫无助和压力沉重。

第三，新员工需要感觉到自己与老板、团队和同事之间紧密相连。这可能需要时间，但如果新员工在 3 个月的时间内还没有感觉到与公司紧密联系在一起，他们可能会开始重新考虑是否继续在公司任职。

第四，新员工需要感觉他们是胜任的、有能力的及在不断提升的。对于今天的员工来说，很少有事情比提升和发展更有吸引力。如果员工在 6 个月的时间内还没有感觉到个人的发展、提升和成长，他们可能会开始感到沮丧，而且难以产生工作热情。

当上述这些关键需求被满足时，新员工不仅会积极地参加工作，而且还可能表现得更好。

五、创设入职培训的分析框架

有效的、切合实际的入职培训计划，必须以坚实的数据分析为根基。让数据告诉你哪些方法在每个入职培训阶段最有效，以及什么是入职培训计划至关重要的组成因素。强有力的数据分析，除了能帮助预测入职培训计划的哪些方面将有助于员工取得成功，还能帮助了解每个新员工如何通过入职培训流程取得进步。通过使用开放式入职培训数据分析 4 项原则（定位、供给、参与和效果），就可以衡量入职培训过程的每个步骤。

（一）定位

分析框架的这部分内容涉及是否能让新员工尽快熟悉公司。除了熟悉工作职位和可利用资源外，还包括公司文化和工作规范。作为分析框架的重要组成部分，此处获取的数据主要是定性的，仅仅关乎新员工的任务清单是否逐项完成。

与新员工定位情况相关的数据包括：新员工正式和非正式的频繁签到；收集新员工早期随着时间的推移出现的问题，进一步改进入职培训；与导师和搭档面谈；第 1 周对初期印象进行调查；新员工是否负责行政管理或参与重要任务；组织评估（如是否了解公司使命、部门使命和公司价值等）；新员工是否已经查看培训模块；了解新员工的总体感受。

（二）供给

分析框架的这部分内容涉及如何成功地为新员工提供关键方法、技能和技术等工作所需的资源支持和知识培训。作为分析框架的重要组成部分，此处获取的数据主要是定量的，使用测试评估和任务完成量等方式。

与新员工定位情况相关的数据包括：早期对新员工技能或知识的评估；新员工对资源支持可获取性的评估；参加培训模块情况；参加培训和会议情况；询问新员工还需要哪些东西；调查新员工的感受与体验。

（三）参与

开放式分析框架的这部分内容主要是分析新员工早期的工作参与情况。有一些简单的量化方法和软性指标可以使用。例如，前 90 天内参加会议情况；前 90 天内发送和接收电子邮件情况；项目参与情况；前 90 天内对新员工的观测情况；主管对新员工的早期评估；缺勤和迟到情况；参加社交活动情况。

（四）效果

这部分内容涉及是否已经做好准备让新员工完全融入公司。此处跟踪的数据主要是关注结果如何，如新员工在其岗位上发挥的作用如何，对企业文化的适应情况和对成功的看法究竟如何。效果评估方式主要有以下几种：新员工的绩效衡量（表 3-1）；对新员工 360 度的评估；导师或搭档拜访；新员工调查；新员工与人力资源业务伙伴进行一对一的深入评估。

表 3-1　入职岗位与新员工绩效相关联情况

岗位类型	绩效评估指标
销售类	首次销售时间；前 60 天的销售额；通话时间；通话质量
客户服务类	2 个月后的第一次呼叫解决率；客户满意度
工程类	错码率；生产率；解决产品问题的平均时间
业务发展类	首次交易时间；前 5 个月成交量
会计类	平均 3 个月报表；报表错误率
制造业类	通过认证的输出百分比；前 60 天生产率
行政管理类	内部客户满意度；预定的会议数量；电话应答质量

六、创建入职培训预测模型

在收集了公司关键岗位新员工的早期绩效指标以后，可让预测分析专家（内部或外部的）来帮助创建一个统计模型，以探究入职培训流程的各个方面是否可以预测早期关键员工的绩效情况。入职培训流程评估的输入指标具体有以下几点：入职培训的遵从性；入职培训模块的参与情况；资源的可利用性；早期员工满意度；早期员工知识学习得分；前90天与其他员工的联系次数；可选培训内容的参与情况；入职培训社交活动的参与情况；与导师或搭档的共处时间。

与预测分析专家合作，可以使用统计模型来查看哪些入职培训内容组合能够快速达成预期的最佳效果。可以发现，根据角色类型不同，员工的职业水平及其工作部门不同，最佳的入职培训内容组合也不尽相同。不管怎样，利用这些由数据支撑的预测模型，将能够改进入职培训计划，以更好地满足各类型员工的不同需要。

案例分析：

员工入职培训，是浪费还是必要需求？

创办于1990年的××化妆品公司是一家国有企业，其产品以化妆品和幼儿保健品为主。该企业成立之初，发展势头良好，产品销量高，其顾客来自国内各个省市，甚至吸引了国外的消费人群。经过十余年的发展，负责销售的副总经理张××退休后，由原销售部经理杨×接任负责销售的副总经理，而原来销售部的负责境外地区销售的副主任春×成为销售部经理。这位销售部经理上任后，总结了国外相关经验，并据此制定出销售队伍培训提升方案。方案明确规定，销售队伍每年集中培训2次，每次培训时间少则3天，多则5天。在培训期间，组织销售人员听取讲座或报告，使他们了解先进的销售理念与销售策略，然后针对公司实际展开探讨。为提高培训质量，每次都要邀请销售专家为员工开设讲座，在其互动过程中深化员工对销售的认识。两次培训仅需几千元，但成效显著，销售人员的能力得到了提升。

近年来，市场竞争日趋激烈，化妆品市场亦是如此。在这种形势下，公司业绩连连下降，加之受国家紧缩财政支出的影响，该化妆品公司面临资金难题。为解决这一问题，高层管理者要求各部门要减少开支。对此，负责销售的副总经理与销售部经理各执己见，并为此展开了争论。副总经理力争将每年2次的培训改为1次。他强调，由于公司存在资金难题，虽然可以通过裁员来减少支出，但因销售任务繁重，这种办法行不通，只能减少培训次数。而且近年招聘的销售人员一般都是大学生，他们已经接受过系统的理论知识学习，已具备一定的销售能力，况且部分人对培训毫无兴趣；而那些非大学生人群，大多有丰富的实践经验。可见，应减少销售人员的培训支出，以缓解公司的财政难题。销售部经理则指出，尽管新招聘的销售人员多数是大学生，但他们在校期间只是掌握了理论知识，对销售的认识并不深入，在实践过程中才能将这些理论内化为自我能力。而且，由于目前正处于向市场经济过渡的关键时期，销售人员对市场经济环境下的相关技术知之甚少，对国际先进销售技术也缺乏认识。大学生入职后经过一段时间的实践锻炼，培训活动有助于他们根据自己在实践中面临的难题展开讨论。他还强调："正是由于我们坚持不懈地进行了这种培训，我们才在国内和国际市场上扩大了销售量，也才减少了顾客对我们的抱怨，赢得了顾客的信誉。因此，我认为，我们决不能削减培训项目！"在双方的较量中，销售部经理的建议被驳回，销售人员培训项目减少，等到公司经济状况转好后再考虑恢复培训的问题。

试想，如果员工培训不被重视，员工能力得不到明显提升，公司绩效将如何提升？员工培训在企业发展中的地位是不可替代的，它是员工能力提升的有效途径，对于提高企业竞争力至关重要。

第二节　人才敬业度与分析式绩效管理

一、提高人才敬业度，优化员工终身价值

要提高竞争力，企业的当务之急是使员工充分地参与到工作中以满足和超越顾客的期望，并实现企业目标。而要做到这一点，最关键的就是要了解员工的敬业度。

人力分析也能够帮助人力资本管理团队通过筛选数据和人才信息更好地了解员工敬业度，并且有助于解决人才管理问题。例如，员工敬业度的主要驱动因素有哪些？员工敬业度如何影响生产率和财政净收益？难以填补的职位或难以具备相应的技能对员工敬业度会造成什么样的影响？净推荐值和敬业度指数会产生哪些影响？人才敬业度因素，如与管理者的关系及对领导力和公司的信心如何影响业务绩效？

通过现有的渠道，如业绩考核、员工意见、行业标准、其他能够提高员工满意度和有利于职业发展的指标，以及人才敬业度分析能为如何提升员工敬业度提供一些见解。员工敬业度分析的核心也能帮助企业评估过去、现在、未来员工敬业度与员工业绩之间的相关性，重要信息可用于减少不良员工成本并且最终优化员工的终身价值。

（一）员工敬业度的重要性

对于敬业度的认识有各种观点。一些观点认为，敬业度是一种定量，就如同进入一个房间能察觉到的某种事物；另外一些观点则认为，敬业度是一种高度复杂的有关态度和行为的数据分析。无论如何，如今敬业度已获得人力资源和领导人群体的重视。

员工敬业度是一种旨在确保员工致力于实现他们的企业目标和价值观，激励员工对企业效益做出贡献，同时也能够提高员工自身的幸福感的工作方法。

在敬业度方面，态度、行为及结果间存在着诸多差异。一个深感自豪和心怀忠诚的员工会不辞劳苦地多走几公里来完成一项任务，由此证明自己是公司最坚定的拥护者。结果可能包括较低的事故率、较高的生产率、更少的冲突、更多的创新、较低的人员流失及较低的患病率。但是，我们相信态度、行为和结果三个因素都是敬业度的一部分。当敬业度的前提条件得到满足时便会产生一种良性循环，因为敬业度的 3 个方面相互激励、相互巩固，并形成合力。

敬业度高的企业有着强烈和真实的价值观，有确切的证据表明信任和公平建立在互相尊重的基础之上。在这里，公司和员工之间双向的承诺可以得到理解和实现。尽管提高业绩和生产率是敬业度的核心，但是它们无法通过一种机械化的方法得以实现，而实现的方法就是通过操控员工的情感和承诺来索取员工的自发努力。能够迅速地看穿这些意图的员工会由此变得愤世嫉俗和万分失望。相比之下，敬业度高的员工则会心甘情愿地自发努力，不会把此当作一种附加压力，而是将其当作日常工作中不可或缺的一部分。

研究者使用"自发努力"这个术语来描述投入工作的行为。我们把员工敬业度看作员工对手头工作的热爱，对进步和成就的渴望，以及在内心对合理目标的追求。可以从某些方面看出员工的敬业度，例如，团队为了解决一个问题而通宵熬夜，老板为了与员工一起解决其个人危机而延迟一场重要会议。初级员工熬夜学习是为了提升其自身的技能，这样做的原因不是因为他能得到报酬，而是因为他热爱工作。

敬业度也是能带来利益的。在一项针对全世界 664 000 名员工的调查中，行业标准研究公司发现，员工敬业度高的公司和敬业度低的公司存在较大差距。

第一，关于营业收入：敬业度高的公司增长 19.2%；敬业度低的公司下降 32.7%。

第二，关于净收入增长：敬业度高的公司增长 13.2%；敬业度低的公司下降 3.8%。

第三，关于每股收入：敬业度高的公司增长 27.8%；敬业度低的公司下降 11.2%。

敬业度高的工作团队对公司净收益有更大的贡献，同时，管理者也都在为提高员工敬业度做各种努力。例如，普华永道的数据显示，在一个 1500 人的专业服务机构中，最高敬业度员工的自愿减员率低于最低敬业度员工自愿减员率的一半。6 个月中，随着客户服务中心 500 名员工敬业度的上升，升级销售和交叉销售的业绩也随之提升。

在《哈佛商业评论》发表的《人才竞争能力分析》一文中，托马斯·达文波特、珍妮·哈里斯及杰里米·夏皮罗发现，在他们研究的公司中，几乎所有的公司都重视员工敬业度，星巴克和百思买等公司更能够量化在某一特定商店员工敬业度增加的价值。例如，在百思买，它的价值等同于超过 10 万美元的商店的年营业收入。实际上，敬业度归根结底就是要超越典型的管理者—员工关系，使公司独一无二。大型公司意识到这一点，并且他们根据自己的核心价值调整敬业度标准。例如，谷歌聘用了富有创新力且思维敏捷的员工之后，鼓励员工根据别人刚刚提出的新产品创建一些虚拟团队；韦格曼斯聘用了以客户为中心的员工之后，鼓励员工寻找新的方式来维护客户关系。

（二）员工敬业度的调查分析

很多公司都已认识到员工敬业度调查分析的重要性。其员工敬业度分析涉及对员工周期性的调查，询问他们对以下说法的认同度：我的直属经理鼓舞我；我很自豪地告诉人们我在哪里工作；我有需要的工具来有效地完成我的工作；我有足够的机会对影响我的决定做出有利改变；我知道我的角色如何帮助实现商业目标；我相信来自我直属经理的消息；我的直属经理重视我所做的工作。敬业度调查有时仅仅是一种方式，这种方式让员工宣泄对老板的不满或是表达对公司自助餐厅饭菜的失望。然而，如果这些计划要取得成功，公司的行动则是至关重要的。

普华永道的经理克里斯·伊波利托曾在一次关于如何让敬业度产生最大化效用调查的网络直播过程中说道："如果你要征求意见，作为团队领导你就必须对结果负责。"普华永道的董事克里斯·达斯汀在网络直播期间说过，敬业度调查可以推动变革，从而改善业务。他还指出，当员工看见他们的意见被采纳时，他们的敬业度就会增加。根据普华永道的研究，敬业度的增加会带来业绩的提升及减少人事变动率。对于保留敬业度数据的企业，可将这些数据与其他数据结合起来，以创建预测分析，从而实现复杂的人力资源规划和提前干预。然而，很多企业恰恰错失了这些机会。普华永道 2013—2014 年人力资本效益调查报告指出，86% 的调查对象调查员工敬业度，但只有 40% 的人认为，主管和经理需要制订一个针对他们下属职员敬业度的行动计划。达斯汀说，企业经常犯一些错误，如无法对调查采取行动，或者将调查视为与企业其他部门无关的人力资源计划。

在人力资源部管理这些调查时，对管理人员和领导团队来说，利用这些调查来制订全球行动计划尤为重要。根据达斯汀和伊波利托所说，由员工敬业度调查产生的行动计划应该做到以下几点：一是认真对待反馈。如果员工认为他们的建议被忽略，敬业度就会下降。二是尽可能实施变化。向员工展示管理层正在认真思考他们的意见，能增加员工敬业度。三是透明。公司应根据调查说明他们做了哪些改变；如果改变不可行或不切实际，要解释为什么员工的反馈不会付诸实施。四是负责。将敬业度与绩效指标相联系并将其纳入企业仪表板，将有助于确保在整个企业中敬业度得到认真对待。

（三）凸显员工敬业度调查的预测性

要使员工敬业度调查具有预测性，意味着不能简单地依赖敬业度调查测试，而是要将劳动关系视作企业与员工之间动态的社会经济交流，而这种交流能够预测业务结果。获知员工敬业度上升了2个百分点也许很有趣，但是这几乎没有实际意义，关键是要了解可以预测业务结果的敬业度组成部分。

那些确实根据员工敬业度结果采取行动的企业，通常将90%的精力用于调研后的一些行动以激励员工更好地工作，并将他们的努力与业务需求相匹配。只有10%的精力用于了解什么对敬业度是有效的、什么是无效的。有效的人员分析基于业务结果。人员分析计划的目标包括衡量员工敬业度，不应仅仅是为了了解它而测量流程或事物。相反，它应该是一个分析程序的一部分，旨在了解业务成果的驱动因素并预测这些驱动因素的影响。

对于员工敬业度的调查，通常重点只是了解员工是否敬业、为什么敬业或为什么不敬业。然而，从业人员应该设法预测这些项目如何改善或维持员工敬业度，从而带来良好的业务结果。第一步是确定期待从高敬业度员工身上得到的2个或3个最关键的业务结果，如生产率的提升、人员流动率的降低和客户忠诚度的提高等，但也有其他结果。每位员工的收入、成本及与安全相关的数据等财务指标都是可能受员工敬业度影响的结果。员工敬业、满意、承诺不是业务结果，但可以是业务结果的驱动力。人员分析允许将收集的调查数据与重要的业务结果联系起来，然后将计划重点落实在推动结果的关键领域。

经过多年调查的积累，公司有机会汇总调查结果，并将其与其他数据相结合考虑，创建预测分析。敬业度调查数据可以与入职和离职调查数据、招聘数据、其他人力资源数据、学习和管理数据、客户调查数据及宏观经济或行业数据相结合，以组建一个分析数据集。之后基于这些，分析可用于预测绩效、营业额、聘用质量和其他输出。在一家金融服务公司10多年来收集的93个数据文件中，包含了这10多年来大量较为普遍的员工意见即数据。随后，公司对数据的分析产生了预测分析，而这些分析在未来可以推动业务的改进。普华永道的伊波利托说："你所进行的员工调查，不能只是浮于表面，让员工完成'感觉良好与否'或者简单'多项选择'这样的问题。当你真的收集这些员工的意见数据，并且将其掌握在手，特别是几年过后，你就可以拥有一个预测模型的强有力元素，而且这些员工意见数据是可以真正提高预测的有效性和准确性的。"

从内部利益相关者那里获得关于员工敬业度最关键结果至关重要，这将使敬业度分析更具预测性。然而，还需要考虑其他重要的步骤。根据战略管理决策及人才管理和分析公司所说，为了形成最有效的员工敬业度预测分析，应该提出以下 6 个问题：第一，该企业的高层领导最关注哪些结果或指标？第二，谁拥有高层领导所关注的具体数据或指标？如何与这些人联系以获取数据？第三，重要业务数据或指标的收集是否保持在合理的水平，以进行同类比较（即部门层面或地区层面）？第四，我是否在企业内部拥有统计能力，或者我是否需要找一所大学或咨询公司帮助分析数据？第五，根据连锁分析，哪个最高优先权或最高投资回报率项目是我首先应该执行的？第六，如何评估已发生的变化，并做出相应调整使效率最大化？

战略管理决策有机会帮助医疗机构分析其员工调查数据，使其更专注于业务和预测。由于医疗改革法案，一项有关医院患者对医疗护理质量感受的标准化调查已经成为一个关键的业务成果，对企业有重要的财务影响。医疗机构可将其员工调查视为衡量员工敬业度的一种方式，然而，其需要新的工具来提高消费者满意度调查分数，并将其人员视为影响分数的因素。

首先，战略管理决策在管理者级别上采集调查数据，并使用被称为结构方程式建模的统计技术将其与管理者级别的质量感受和标准化调查评分建立直接关联，分析人员计算每个经理的调查结果。其次，调整其年初至今的质量感受和标准化调查分数。最后，使用 SPSS 统计软件中的 Amos 程序及使用结构方程模型来分析数据。

通过分析发现，质量和安全是两个调查类别。这两个类别有效地推动了质量感受和标准化调查在医疗机构的开展。更具体地说，都是为了安全，是为了员工无论是身处医疗机构还是外出都能安全地工作。这意味着，工作中的安全感与员工对患者实施更有效的治疗直接相关。这个结论很有道理。因为如果你在所处的环境中感到不适，那么你要集中精力让病人感受到关爱是很有难度的。由于连锁分析的结果，医疗机构关于安全方面的紧迫感就会更强。之前的调查结果没有排在任务清单的前列，而现在因为其对财务结果影响显著，得到了整个高管层（包括首席财务官）的全力支持。在这种情况下，拥有来自战略管理决策的事实和数据来支持关键业务成果的改进，以及具备显示影响程度和特定需要的工作的能力，将为人力资源创造影响机会。

（四）员工敬业度测试

实际上，衡量敬业度的典型方法是年度敬业度调查，这项调查要求员工评估自己的敬业度。当与预测分析相结合时，这种方法可以为员工对敬业度的态度（如他们认为自己有多敬业）和业务成果的影响提供良好的建议。但是，这一方法可能不会提供关于员工实际敬业程度的客观数据。虽然知道员工认同是重要的，但这些数据会面临来自任何其他基于努力的调查的挑战。如果不是所有员工都做出反应，就可能出现反应偏差，结果很快就会过时，员工可能会考虑更近期的事件，并且他们可能会隐晦地告诉你他们认为你想听到什么，而不是他们真正的想法。

同时，大多数公司正在被铺天盖地的多种来源的高速数据所淹没，如企业对企业的数据、企业对消费者的数据、交通数据、交易数据、第三方供应商数据、宏观经济数据等。除了更加传统的数据之外，网络数据、社交媒体数据、移动数据和新的第三方数据使大数据更具复杂性，也增大了公司利用大数据的难度。

虽然在企业环境中并不常见，但人员分析的确揭示了员工敬业度的衡量标准，而这些标准试图在不给员工增加负担的情况下完成调查，并以一种定性的方式来记录敬业度。在一些人甚至还不知道如何着手处理这些直接的敬业度衡量标准时，另一些人仍在试图逃避基本的敬业度调查。一般情况下，公司可能会通过分析以下内容开始审查敬业度的直接衡量标准：在正常工作时间以外发生的工作量（如晚上和周末）；工作电子邮件的数量和时间；网络连接的数量和与直接团队之外的人员相处的时间；参加特设会议和活动与例行会议的比例；直接与客户或正常工作范围之外员工的协作时间；电子邮件内容、呼叫中心记录或销售电话的语义分析，以了解消极语调百分比的变化；在线查看非工作内容所用的时间；招聘网站活动，如美国网络招聘商（巨兽公司）、凯业必达招聘网、领英或其他职业资源；与工作相关的生产率测量，如生产的单位、通话时间、已应答的呼叫等；工作社会活动的参与度。

无论是何种直接的测试，重要的是要记住每个人都是不同的，在企业中的角色也不同；因此，这些直接测试的绝对基准通常是不切实际的。例如，软件工程师每天可能花费几个小时在办公室里与他人交谈，因为这是在高压工作下的必要休息；而整天忙于通话的电话销售代表可能会花费大量时间阅读个人互联网内容，以便得到一些休息时间。为了具有最大的影响力，这些数据必须以时间序列来评估，以了解其对于特定工作职能、部门或个人的天数、周数或月数的变化的影响。此外，这些数据必须与特定部门或角色试图获得的关键业务成果相关联。

像西雅图 VoloMetrix 这样的公司正在致力于使公司更容易直接衡量敬业度。VoIoMetrix 的服务允许企业更好地了解他们的员工如何花时间在工作上。例如，它可以允许公司查看他们的员工在销售团队中花费多少时间与客户交流，或者不同的团队如何在一起（或不在一起）工作。所有这些数据都被收集在公司通信系统中，然后加以匿名化。虽然 VoloMetrix 旨在更深入地了解公司如何运作，但它并不关注个别员工。相反，其想法是使用电子邮件和日常事件中的这些数据来创建分析，帮助企业简化其操作。该公司的客户包括基因泰克、希捷和赛门铁克及其他一些财富 100 强公司。

正确使用敬业度分析可以在创造有效的员工计划中发挥重要作用，从而推动业务结果并使员工获得幸福。

二、实施绩效管理分析，激发员工价值

（一）实施绩效管理分析的原因

有突出业绩的公司都认为员工是他们最重要的资产。在领导层中有个公认的看法：领导、管理者和前线员工在实现公司长期发展和可持续性上都同等重要。然而，大部分公司都未能真正懂得如何更好地管理员工绩效，而员工绩效管理与公司持续成长息息相关。

员工是公司创新的唯一来源。员工的激情给公司注入活力，增添竞争优势。为了实现这些价值，公司需要主动将每个员工的目标、能力和工作激情同公司的长期目标保持一致。绩效管理就是让员工和公司目标保持一致，以实现个体和团队价值的过程。

大部分公司都采取非常传统的方式进行绩效管理，如个人计划、员工签到和周期性评估等，这些都只是为员工薪酬和升职提供参考。对于大多数公司而言，绩效指标的设立与管理者相配合，如果设计合理，绩效指标便具有可执行性，有

利于整个工作团队的工作效率。绝大部分公司的绩效管理方法都是在多次反复中形成的，并在采集每个员工优劣势方面十分有效。然而，在不断发展的过程中应将采集的员工信息与公司相结合，并且不断改变整个绩效管理流程以适应员工的需要和喜好，比如通过应用软件接收意见反馈和进行绩效管理则是一项挑战。

（二）将员工目标同公司目标联合

通过绩效评审，通常可以跟踪到员工目标并且用以评估工作表现，如优秀、中等、差。个体目标的例子包括：在特定时间内创建基本危机恢复计划；带头协调每个团队的电子报告；招入至少2个代理机构来参与一系列公司培训课程。

然而，极少有公司会真正将员工目标同公司发展、销售额和生产率等有用的指标相结合。但是，一流的公司正开始利用数据和分析能力来弥补这一缺陷。公司聘用具有高等学历的金融工程师，为公司人力资源注入新能力。例如，加拿大最大的一家银行最近招入了一批物理学博士，为他们的人力规划组设计方法，来帮助管理者更加主动地向员工提供反馈。

当绩效管理决定的未来影响没有得到正确理解时，就会引起出乎意料的后果，其中一个就是企业膨胀。年复一年，公司的膨胀往往要经历正常的人员提拔和人事变更周期；这就会使灵活高效的职员在发展成为中级管理人员的过程中，形成将多兵少的局面。就和运动员一样，公司保证他们在理想状态下实现目标非常重要。公司员工结构不断变化，对公司来说也是个挑战。为了避免这种情况的出现，管理者需要明白，这些变化会影响他们履行职责的能力，也使得他们要尽可能做出最好的选择来调整方向。

有效的方法由两部分组成：第一，评估将要履行未来公司职责并实现公司目标的员工；第二，主动让员工将他们的发展同高层次目标相统一。从目前的实践来看，此方法将会产生最大的影响，不仅有助于员工的成长，而且还有助于确保员工以可持续的方式发展。

（三）传统绩效管理

现阶段，绩效评估方式通常包括年度审核、提拔周期及员工半年的工作签到。公司设置年度目标，一年正式检查一次。由于越来越多的定性记分卡式绩效系统与管理者评估整合为一个计分系统，所以产生了传统绩效评估方法。这个方法需要长时间的面谈、项目评估和团队会议。

绩效评估和升职通常由个人完成目标的结果决定。这个结果可以很具体，如销量、回访次数、工作时间，也可能是更难以量化的衡量标准，如领导力、团队贡献和问题解决能力。在大多情况下，绩效评估由具体指标、领导看法、同事反馈和平时表现审查组成。这种耗费人力的定性方法一年也就只会进行1~2次。

（四）利用分析学提高商业绩效

分析式方法利用数据让绩效与目标更详细地对应展现出来以便评估。时间点数据表明绩效评估为员工提供了他们表现起伏原因的明确反馈，同时也反映了员工当前的工作状态，而不是一年的工作总结。这种方法也减少了管理者心理偏见的影响，提高了对员工近期工作进行评估的公信力。

尽管持续监测员工绩效能够获得准确实时的绩效评估，但另一种加入更多历史数据和商业结构变化的混合型方法通常更受欢迎。这种混合型方法有助于平衡长期和短期绩效评估效果。员工绩效对企业的成败至关重要。利用数据分析的方法能帮助管理者更快地解决问题，促进企业绩效提升。

（五）确立科学的绩效指标

明确绩效指标的第一步是明确成功的定义。然后根据每个员工为了实现成功的付出程度进行评估。员工的付出程度会被用来评估绩效，最终决定升职方案。

大部分企业都有企业级系统，可以追踪员工计划，用于检测和评估绩效。企业制定如"客户影响"指标或者"质量"指标，作为由招聘企业提供并经管理层审核的具体目标的基础。在目前的实践中，结果和系统的关系是预先假定好的。这个系统暗含的意思是假定员工由于实现了指定的"质量"指标，从而真正提高了产品质量。

从传统上看，工作质量比客户影响力更易衡量。对于大公司和公共部门的内部程序更是如此，如银行的功能性程序等。员工扮演着材料审核、申请程序和监管文件处理等重要的角色。对银行来说，当把他们和那些欺诈违规的员工相比时，他们是无价的。传统上，这一角色的调查人员根据执行的审查次数、确定的问题、分支机构检查、文件质量和类似的基于过程的措施进行评估。但是，衡量工作与预期效果的相关程度和衡量工作产生的影响是不同的。这种评估方法假设高质量的工作会降低违规风险。

分析式绩效评估方法的一个明显特征就是没有这种假设。另一种评估绩效的方法是评估实际欺诈和违规，审核用于减轻这些风险所采取的事后措施。这种方法运用了历史数据，评估了与实际结果相关的绩效表现。

（六）优化员工绩效评估方式

企业利用分析来评估员工绩效的方式有 3 种，主要有计量方式和质化方式等。

1. 计量方式

通常，评估员工最有效的方法通常难以被发现。最好的 3 个计量绩效评估准则是：一是客观存在事物：确切发生的事情，比如销量、欺诈、工伤、人事变更和营业增额。二是个人：能够联想到一个并且只有一个员工。三是联系：可以和其他个体的结果联系，如通过数据库。

管理人员能够更详细地追踪和监测符合这些规则的绩效评估方式（每天或者每月），并且随着员工的发展深入了解员工绩效。这能让管理者更加主动地考察员工绩效。客观指标是透明的，管理者可以每月评估员工绩效来鼓励努力工作的员工。如果有必要，可以及时采取正确行动来对员工施加影响。

2. 质化方式

综观所有的宣传，数据是不能说明一切的，有些东西就是不能被测量的。员工的激情和创新动力对于公司来说是极为宝贵的，几乎不可能量化。短期绩效评估很容易检查出漏洞，然而却会滋生管理短视的问题。质化评估方式包括 360 度全方位反馈和自我评估。项目绩效审查提供了一个重要的绩效维度，应该考虑将其运用于平衡计量方式。

应将质化输入看作绩效评估的缓冲器。它能缓和成果导向的绩效评分所产生的高分和低分。这种定性方式有利于将绩效测评措施与反馈意见相结合。这就是大数据和前沿领域。企业被动地收集大量有关员工的数据，包括每次浏览的网站、发送的即时短信和邮件、打开的文件、登录的网站、社交网站上发表的文章、休假日期、完成的培训课和打卡记录等。这些资料通常会保留至少 3 个月，因此每个员工百万计的数据点在上班过程中都被收集起来了。集中地看这些数据，会发现它们清晰地展现了每个员工每天的工作状况。在最近的一次研究中，一家著名的澳大利亚管理咨询公司每 3 个月就会对每个员工发的每一份邮件进行分析。他们的研究能够识别出公司中的重要人物，他们和不同的团队联系，并且鼓励双方合作。合作指标在这之前是很难量化的，但是现在的方法能让量化过程简单透明。

3. 值得借鉴的方法

员工绩效分析的方法要尽量简单。在监测绩效的同时，使用以数据和相关理想结果为基础的量化和质化方法尤为重要。所有的措施都能产生积极的检测结果，并且精确联系（如个人）。管理者要对那些不明确的指标保持警惕，确保所有的措施都具有商业意义。管理者创建绩效指标，旨在与其试图监测的内容实现透明共享。

被动地挖掘数据需要花费大量时间，但这能够在识别绩效动机方面取得成效。大多数企业通过技术过硬、创意出色的团体工作方式，利用大数据达到这一效果。

（七）分析式绩效管理的多重价值

在公司层面，分析式绩效管理方式对公司、人力资源部门和员工都有诸多益处（表3-2）。对于公司的好处是更加关注高层次的目标，如生产、安全和效率。分析绩效管理方式确保管理能持续详细地监测员工是否将重心放在重要目标上。

在员工层面，面对明确的目标与责任，员工会更加投入地工作。在绩效评估时应使用具体数据使评估过程透明化，帮助管理者随时根据员工的良好表现来嘉奖，而不是等到年终才颁发奖励。员工也能从这种积极强化模式中得益。并且，审核过程透明化能使表现最好的员工脱颖而出，也为所有员工提供有理有据的反馈。

在人力资源层面，多数企业中，人力资源部利用反馈和相对温和的指标来审核员工。这就导致绩效度量和提拔无论多么合理，都难以向员工提供合理的解释。另外，不易量化人力资源的价值。分析式绩效管理能够同时解决这两个问题。在提拔员工和绩效管理工作中使用数据导向式方法增添了评估结果的透明度，让人力资源部能清楚说出员工升职的根据和原因。通过对员工绩效和对公司影响的深入了解，人力资源部也能准确评估员工对公司的价值，从而合理安排未来对员工的投资。

表 3-2 传统方法与分析式绩效管理方法的对比

	传统式	分析式
升值	定性的任期；导向不透明	量化的表现；导向透明；图论分析导向式职业道路
薪酬	年度审核由排名决定；有限评估	持续审核由影响决定；广泛测量
员工反馈	年度审核周期；被动应激反应；更高层次	每月审核周期；主动回应详细；具体通过应用程序查看反馈

案例分析：

加拿大黄金公司寻找健康安全的绩效指标的方法就是从绩效的传统观念向运用现代信息技术分析转变的例证。所有的北美矿产公司都会检测健康安全的绩效指标，包括加拿大黄金公司。以往加拿大黄金公司通过运用传统方法，将突发事件频率降低了75%；然而，员工死亡率却没有变化。于是，该公司利用先进的分析平台审核了员工在工作日产生的7.92亿个数据，努力在影响力高的事件中找到模式。影响员工表现的因素包括工作月份、婚姻状况、年龄或者薪酬结构，这些都是事故产生的重要原因。公司利用对这些方面的认知来改善工作方法，加强员工训练，以此改变行为方式，降低员工受伤的风险。

第三节 员工留任分析与企业资产保护

在当前国内外形势下，人才问题是被大多数高管放在首位的问题。高管担忧着如何获取和保留最优秀、最聪明的人才，同时焦虑着怎样培养、保持及发展他们的明星员工。由于简单工作的外包，企业对高技能人员的需求持续增长，关于至关重要的人才储备的竞争日趋激烈。此外，企业还面临另一个挑战，即千禧一代对工作的新偏好。他们追求健康和良好的环境，看重目标和社群，并希望在工作和生活中取得平衡。因此，人才难题似乎比以往更加复杂。

人才的留任与流失是所有问题中挑战最大的，这是人们的普遍感受。在德勤公司近期的一份调查中，超过70%的受访者表示对未来12个月留住关键人才的担心程度为"高"或"非常高"，同时66%的受访者对留住高潜力人才也有同样的担忧。德勤公司人才招聘研究副总裁罗宾·埃里克森说，全球经济情况正在改善，如何留住员工是大多数商业领袖和人力资源领袖目前最关心的事情。"表现出色的员工并不需要主动寻找工作，他们只需要将自己的工作经历展示在社交网络平台就可以了。而且，根据德勤2014年度全球人力资本调研显示，83%的受访组织机构并不认为他们已经准备好去应对这个问题。"

一、传统方法的价值逐渐消散

很多传统的理解和改善留任的人力资源工作方法都是典型的被动方法，并且产生作用的速度非常慢。那些方法适用于过去，与那时员工流动缓慢且艰难的组织结构有关。传统方法的特点是针对当时可能导致人员流失的因素（而非目标明确的个例）发起一系列的留用活动，而这些因素则是根据多年经验靠直觉判断的。全面加薪就是一个典型的例子，本应考虑级别、部门、技能需求等不同而有所变化与区分，但却给了每个员工相同数额的涨薪。这些关注似乎常常聚焦于少数有重要技能的、企业非常需要的高级管理人员身上，很少甚至没有关注其他大多数员工。而这些被忽视的大多数，恰恰更有可能是影响员工保留率的主要因素。

很容易发现，传统方法的目标并不明确，并且见效缓慢，因而其投资回报率非常难量化。离职面谈也许会含有重要信息，但其机密性与低频性使其无法成为一种有效的方式，只能作为一种非正式的方法使用。因此，这些传统方法正在迅速过时，并且不再适用于流动性日益增强的劳动力市场。如今，每个人都可以轻易地通过网络在社交媒体网站上找到与他们技能相匹配的岗位空缺广告，或者通过他们的社交网络获得岗位空缺的邮件通知，或者直接回复来自各种招聘渠道的手机短信。

二、对员工留任的认识

因无法计算投资回报率，我们很难理解员工留任到底是什么。埃里克森说："长期以来，留任一直被当作一个模糊的理论概念，然而它真的不是。想要留住员工，需要有一系列实际且具体的东西，如职业晋升的机会、公平的薪酬、定期的绩效回顾、培训与发展的机会、关注员工敬业度及对领导层的信任度。最终，留任的效果可以通过主动离职率来衡量，无论你的员工是留还是走。"

研究发现，越来越多的成熟公司，无论规模大小，已经开始运用先进的分析方法和大数据来帮助他们掌控员工留任的问题，并使这些问题得到量化，以便更快速、更灵活地加以解决。这些公司运用数据分析并不是为了帮助他们寻找一线希望，而是把数据分析作为一种工具来不断调整他们对留任问题的理解，实时提出灵活、新颖的解决方案来减少留任难题。从机器学习技术到构建算法，使用大数据的持续学习行为整合了尽可能多维度的因素，使得这些类型的人才保留解决方案变得更先进、可量化。

留任分析方法的构成模块和其他分析活动一样，由以下几部分组成。

一是数据。数据是任何分析活动的基础，需要包含哪些情况下一些员工被留下了，而另一些员工流失了的实例。由此建立的模型可以被用来辨认差异，识别和学习各种模式，并能够做出准确的预测。数据资源越多变（获取员工、业务、工作环境、经济形势等各个方面），模型的准确性就越高，因为有更多的信息可以被用于分析。当然，数据操作和使用是非常谨慎的，目前数据操作的大部分实践仅限于公共领域。

二是情报。情报是在上一模块的基础上产生的，即获取数据，解读数据，基于数据行事，在数据的基础上产生见解。

三是人才。需要发现问题，解读数据的含义，并根据这些信息决定采取什么样的措施。在进行留任分析时，需要各方面的专家，如数据员和统计员、留任专家和最终用户、人力资源团队领导和高管人员及其他外围人力资源实践者。他们除了要使这些解决方案落地，与现行的工作相匹配，还可以帮助设计合适的方法以降低人才流失的风险。

四是统计。需要统计方法和统计程序来处理数据，清理数据，汇集数据，量化相关性和数据信号，并进行验证性测试。统计建模的主要实践是在公共领域，不需要过分纠结其结果的现实意义。

五是技术。技术是指支持数据和智能分析的软件，范围从存储数据的基础数据库管理工具（如微软办公软件、文本文件等）到可以用于数据挖掘与预测的定制化统计软件包。技术可以是一个推动因素，但并非不可或缺的绝对指标。换句话说，就是不需要使用最复杂的技术来产生实际结果。然而，应当注意，无论使用何种技术，都不应该给用户制造新的负担。

上述5个部分共同构成了留任分析方法的基础，包含了大量信息与各种见解的基础数据，需要通过智能工具和人工进行整理和挖掘。一旦获取、解释并认可了那些信息，人力留任专家需要仔细地选择应对策略并付诸实践。只有将其运用到实际中时，这些解决方案才能通过降低离职率、阻止员工离职来实现其价值。

三、员工留任的分析和干预

由于大数据和先进的分析方法已经运用到其他服务行业（如客户保留），人力资源行业也很快采用了这些方法。在分析学界，人们将重点放在研究尖锐、敏感的问题及那些可以带来投资回报的问题上，例如，什么可以激励一个高绩效的员工留下来或促使其离开？我如何可以预先知道？如果我知道了，我能做些什么？有哪些选择？

事实证明，鉴别员工流失的各种因素是可能的，而且它们中的大多数是可控的。试想，如果能在员工做出离职决定前就发现促使其离职的因素（时机很重要，许多研究表明员工在提出辞职前的9~12个月就开始考虑离职了），从而制定有针对性且有效的措施以阻止员工流失，往往能立竿见影。德勤公司的合伙人约翰·休斯顿说："在我18年的从业经历中，我发现当员工做出离职决定并告知你的时候，想要劝他们改变主意为时已晚。提前3个月以上得知，对影响这个决定起着至关重要的作用。员工想要离职，可能是为了薪水、新的职业机会，甚至只是因为不喜欢他们正在做的事情。这些都不是你立刻可以解决的问题，而是需要时间去鉴别、去思索，并拿出正确的解决办法来说服这个人留下来。"

四、全面掌握员工留任的影响因素

目前已经形成了一些清晰且直观的模型。例如，如果一个员工长期保持长时间工作或者每年休假很少，那么这个员工次年离职的概率会成倍增加。这些都是显而易见的，并不需要做复杂的分析去证明过度工作和休息不足是导致离职的原因。然而，如果有了分析，不仅可以用数字来证明一些事，反驳一些人的直觉或一些根深蒂固的传统观念，还可以进行量化。如果更深地去挖掘这些数据，会看到比之前认定的更为精确的模型：工作时长与离职率的关系其实是"U"形的。

换言之，如果一个人工作时长非常长（太累）或工作时长非常短（太闲），离职率都会因此而提升。

过度频繁的出差会使离职率增加，直接原因就是由于花在酒店和机场的时间会使人感到疲惫、士气大减。同样，这种关系不仅能够得到确认和量化，还能得出更精确的模型。高频出差对离职的影响在年轻一代和新员工的身上完全失灵，因为这些实践者喜欢旅行。

通过分析项目团队的规模、他们的位置、管理组成、个人表现和团队表现等，可以得出，管理者的言行举止在员工的项目体验中起到非常重要的作用。事实上，这种影响在小型项目中是微不足道的，但在大项目（团队规模大、持续时间长）中却举足轻重。所以此类项目（大项目）在人员配置上需要更加谨慎，人员的数量、管理者适合与否都需要细细斟酌。

基于先进且强大的统计数据可以发现，近因是最为重要的。如果提前几个月观测到高强度的旅行或项目配置不合理，就会发现它们与未来潜在的离职有非常大的关联。但如果在 1 年后才着眼考虑这些或大多数的其他因素，它们与离职的关联就会明显减弱。这表明员工非常敏感且能快速适应。员工在工作不开心的情况下，要么在能力范围内改变现有环境，要么在无能为力的情况下选择在几个月后离职。

不能忽视的是这些因素的极端程度。繁忙的工作时间、不充足的假期、大量的出差确实是员工想要离职的导火索，并且这些事件越是极端，越是容易更多、更快地引起离职。这之所以重要，是因为当需要去干预这些准备离职的员工时，优先解决这些极端事件会比没有针对性地采取行动有用得多。

对员工社交媒体网络的分析越来越受到更密切的关注。通过员工发表在社交媒体上的帖子或其他博客资料，分析文字内容及其中的情绪，可以通过敬业度分析推断出员工在工作中的积极性程度。此外，研究一个人的社交媒体网络并确定其影响因素的类型和程度，可以判断一个人的离职倾向：是对于工作更换很灵敏还是对于现有工作具备黏性。

五、把控员工留任的基本思路

统计模型使用了非常广泛的已知数据资源来识别那些离职倾向排名前 10% 的

人，这些人的离职意愿是德勤公司以往案例研究所得的平均水平的330%。此外，聚焦排名前20%的人群可能会捕捉到65%或更高比例的有离职意愿的人。这些令人印象深刻的数字证明了模型所具备的预测能力。这些模型使用了大量的数据、数年的经验和各种各样的信息来源。特别值得一提的是，它们识别出了人物、时间和原因。具体而言，一是识别离职风险高的人群。对一个50 000人左右的组织来说，找出几百个在接下来有离职意向的、较高绩效的员工是非常了不起且有意义的。二是能够在离职前几个月就发现苗头是极有价值的，这提供了充足的时间让企业去采取措施，甚至如希望的那样去避免离职。三是辨别每个人离职背后的原因非常有用，因为这些正是企业需要去考虑解决的具体问题，从而避免人员流失。

然而，识别出谁可能离职及为何离职只是完成了一半的任务。接下来该做什么？这些原因都会导致离职吗？它们会对员工离职决定产生影响吗？如果根本没有可采取的措施该怎么办？如果离职原因足够明确（即个人层面的、最近的、和其他相近因素相关联的），那么它们是可以被干预的。如果是高频出差导致过度工作使某人开始考虑离职，那么就需要认真分析此人的职业性质与任务分配，并做适当调整，如分配本地的任务、让其休息一段时间。如果分析模型指向某个在社交媒体上对竞争对手有显著吸引力的明星员工，并且近期的业绩数据也表明此人开始心不在焉，通过调研收集的数据来判断，那么也许应该尽快考虑给予其薪酬调整，再加上高级定制的职业发展和领导层培养，如考虑职业发展快速通道、在项目中给予高阶管理权、高级领导层培训或持续跟踪（图3-2）。

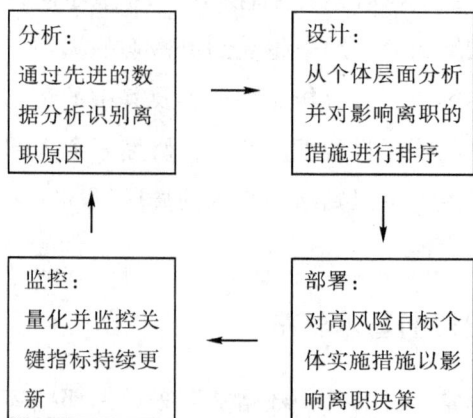

```
┌──────────────┐        ┌──────────────┐
│ 分析：        │        │ 设计：        │
│ 通过先进的数  │───────▶│ 从个体层面分析 │
│ 据分析识别离  │        │ 并对影响离职的 │
│ 职原因        │        │ 措施进行排序   │
└──────────────┘        └──────────────┘
       ▲                        │
       │                        ▼
┌──────────────┐        ┌──────────────┐
│ 监控：        │        │ 部署：        │
│ 量化并监控关  │◀───────│ 对高风险目标个 │
│ 键指标持续更  │        │ 体实施措施以影 │
│ 新            │        │ 响离职决策     │
└──────────────┘        └──────────────┘
```

图3-2 人才留任结构

但值得注意的是，就算这些被发掘的离职动机没办法采取行动挽回，如一个员工想要彻底改变职业路径，或是想要待在家里组建家庭，在离职发生前就能预知也会为企业赢得一些时间去应对。这些企业能够预知变化并做好准备，从而可以比毫不知情的同行更为顺畅地解决问题。实际上，那些准备离职的人，可以帮助企业找到一个合适的替代者并协助培训，从而避免生产效率的下降，避免变化给团队带来不良情绪。

如果仍然不清晰，那么再来重新审视一下这个问题。例如，一家公司有50 000名员工，其员工主动离职率平均为5%，那么每年就会流失2500人。如每人的平均年薪为10万美金，离职成本为年薪的2倍，那么这个公司每年将损失5亿美金。如果预测模型能帮助企业把离职率从5%降低到3%，就能节省2亿美金。如果这个数字看起来太大，那将离职成本的设定减半，同时假设预测模型只能将离职率从5%降低到4%，在此条件下每年可以节省的成本为5 000万美金。由此可见，预测分析能给企业节省的实际成本还是很可观的。

这些成本的组成多种多样，为应对熟练员工与核心高潜力员工的离职，企业往往需要在寻找替代者上花费大量的时间与精力，成本也在累积。而且所有这些，当然还不包括那些无形的损失，如过渡期的效率损失，员工士气和品牌认知度的损失，知识产权、培训和发展的损失。休斯顿指出，"我们还注意到另外一个巨大的无形损失，即关系网络"。随着一个员工的离开，所有之前建立、培养起来的协同合作和网络关系都面临崩溃，而重建则需要数年，想要达到之前的效果甚至需要更长的时间。

六、进行留任分析

任何商业分析方案的实现，其成功的关键通常是如何展开，而不是这些工具或方法有多复杂、多先进。休斯顿指出，"我见过最主要的陷阱，就是人们和企业对这些能够立竿见影的新兴工具和炫酷的可视化界面感到非常兴奋，但却没有花足够的时间与同事和最终用户一起来学习如何使用这些工具更高效地工作。往往，这些解决方案最终给予人们的并不是经过深思熟虑的好办法，每天的工作量不仅没有减少反而增加了。如今这个快节奏的世界充斥着各种便捷的App，任何事情通过指尖轻点就能完成，我们都不再有耐心和注意力去忍受额外工作了"。

　　根据德勤公司的研究发现，财富 1000 强企业中只有 5% 在人力资源领域使用预测分析方法。预测建模在人力资源领域仍然很新鲜，而在其他商业领域，如金融、制造、市场营销，已经得到广泛使用。事实上，这些行业都是依靠预测建模来主动发现客户风险、锁定最佳客户、优化供应链及改善整体客户关系管理的。

　　上述行业使用的方法和技术也可以应用在帮助预测员工离职上。预测模型为人力资源团队和经理人提供可行性意见以便占据主动，提供应对策略来解决公司的具体业务问题。例如，你认为最重要的人才问题是什么？哪些员工有离开公司的风险？那些最有可能离职的员工是什么样的？员工离职对企业的风险是什么？目前你的员工流动情况怎样？趋势如何？你的公司最主要的离职诱因是什么？不同员工的离职原因有什么不同？你的明星员工和关键员工是谁？哪些人有可能在接下来的 3~6 个月离职？为什么？如果离职发生，风险或影响是什么？

　　成功分析的关键在于"实施"或"部署"，这是一些公司成功而另一些公司失败的原因。如果只是搭了个架子，那么最先进、最复杂的预测模型最终也无法产生实效。因此，让我们转向预测分析成功实施的因素。在预测分析方面，已经被证明可以在一些结果预测上提供可行的见解，如谁会点击、谁会投票、谁会购买、谁会转变和谁会撒谎等。应用到人力资源领域，预测分析可以帮助预测谁将离开、什么时候及为什么。要做到这一点，需要有数据，有数据分析专家或数据挖掘专家，以及统计专家或商业分析师来建立一个合适的人才流失模型，从而提供关键因素和可行的建议方案来解决人才流失问题。

　　总体上看，预测模型包含两类变量及将这两类变量联系起来的一个方程式（连结函数）。首先是输入变量，也被称为自变量，就是那些为了测试和评估与结果间的关系被放置在模型中的各种因素。输入变量也提供了它们对结果预测的影响。其次是输出变量，就是那些设法预测的元素。在这个案例中，它将是流失情况：1=有流失，0=没有流失。这些也被称为因变量。预测模型的目标是在历史经验取得的数据基础之上，建立自变量与因变量之间的量化关系。构建这种关系所用的统计假设和方法具有基础性和市场领先性。通常情况下，运用基础统计技术就足够了，它们大多数情况下会以简单线性回归或决策树来实现。迭代过程同其他行业与应用的统计活动是相似的。

　　基于统计测试，预测模型也给出了在解释员工为什么会离开时，每个变量的影响究竟有多大。预测模型使用上述数据，有助于确定每个数据元素对统计数据的影响，无论是公司人力资源信息系统数据、劳动力市场数据还是公开可用的人才数据。

七、人才流失预测建模的数据

至于人力资源领域的预测模型因素，至今并没有通用的解决方案，人力资源管理者要具备这一认识。从企业文化到老板和员工的价值观，每个公司有其自己的苦恼。当前我们可以比以往获取更多的人才数据。人才流失预测建模数据主要有以下4类。

一是内部数据。包括从人力资源信息系统获得的薪酬数据和培训系统申请者追踪系统获取的学习与发展数据。

二是公司数据。包括财务状况、公司营收、增长情况、客户数量、公司品牌、社会媒体排名、公司在相关网站上的评论与排名及公司的在线声誉。

三是劳动力市场数据。包括来自各类数据源的数据。区分行业和公司规模所统计的国内生产总值（GDP）；区分行业和公司规模所统计的失业率；区分行业和公司规模所统计的平均聘用成本与流动率；公司股票市场趋势指数；股票市场指数（如道琼斯工业平均指数、标准普尔500指数）；供给与需求数据（公司是否处于一个对熟练工有高需求的行业？如科学、技术、工程和数学领域的人才）；线上招聘广告（分析所有在线上可得的招聘广告）；区域与全球金融风险。

四是公开的人才数据。这是人才数据最重要的一部分，是游戏规则的改变者，因为这些数据在10年前是无法获取的。开放的人才数据或公开数据包括员工在社交媒体网络上留下的数字足迹，如推特、脸书、领英和一些细分领域的网站。

相关研究表明，这些公开人才数据与下述内容有关：对个人资料更新的追踪；个人资料照片的更换；在社交媒体上是否有个人资料；教育水平；从业年限；社交媒体上的发帖、更新及提及的东西；粉丝和关注的引领者的数量；引领者。在某些行业，这些数据可以解释50%的离职。也就是说，一半的员工流失都可以通过这种类型的信息得到解释。目前，人们更加清晰地认识到，上述数据改变了市场的游戏规则，有非常显著的统计意义，并且能够说明员工离职的原因。

八、员工留任分析方法的实际应用

应始终意识到，没有一个在任何情况下都适用和有效的方法来解决问题，因此应根据以下作用设置优先级：一是收入来源；二是面向客户；三是不面向客户的关键任务。

一旦从预测模型中得到可操作的意见，并识别出有离职风险的高价值员工，以及他为什么会离开和可能离开的时限，建议采取在其他产业使用的策略来防止这种结果发生。要优化行动计划和策略，损耗计分应结合员工终身价值加以判断。

应该计算每个员工的生命周期价值，如分为高、中、低。员工离职的风险，也称为损耗计分（分成高、中、低损耗段位），即使用预测模型和提出的建议制订留任策略（表3-3）。

表3-3　可行的员工价值和损耗风险细分

人员损耗计分	低	中	高
生命周期价值	低	中	高

对此，建立采取一系列基于预测模型见解的留任行动。它还利用生存分析和其他高级分析的成熟方法呈现员工的终身价值。结合损耗预测模型计分与员工生命周期价值计分将提供360度观看员工基础的视角。

第四节　增值型人力资源管理

古典经济学家亚当·斯密和近代历史经济学家马歇尔最早对人力资本做出阐释。马歇尔在其著作《经济学原理》中指出，"所有资本中最有价值的是对人本身的投资"。其观念有极大的合理性，人力资源对经济增长的促进价值在一定程度上要高于其他资本的投入。

人力资本就是人们在教育培训、健康素质提升、信息获取及能力培养等方面的投资而形成的资本，以知识与技术为核心内容。人力资本的突出特点就是能实现增值，在经济运行中能为所有方与使用方带来回报。从人力资本的视角来看，处于闲置状态的人才、技术、管理人员并非真正意义上的人力资本，这些闲置资源一旦得到开发，投入到经济运行中，就会成为人力资本。

人力资源与人力资本是两个不同的概念，人力资源隶属于个体，人力资本是经过开发后而产生的。虽然二者都以人力为核心，但在本质上是不同的。其区别具体表现在以下几个方面：第一，资源未经开发，是自然形成的；而资本是经过开发后产生的，人力资本对企业的影响是深刻的。第二，在使用方面，二者关注的角度迥然相异。在资源获取方面，人们通常追求更多、更好的资源；在资本获取上，人们会关注成本支出，减少投入，促进利润最大化，是普遍追求。第三，面对资源，人们更加关注获取和占有；面对资本，人们更加重视资本的潜在价值，希望通过资本增值获得最大回报。

在企业发展中，人力资源管理旨在选取优质人才，并做到人尽其才，使其在合适的岗位上发挥潜能，进而促进企业赢利。在这种情况下，人才就成为企业重要的人力资本。

一、21世纪人力资源管理的新思维

21世纪，人类社会进入了知识经济时代，新的发展环境逐渐形成，知识的重要性日益凸显。在这一形势下，人力资本和知识资本从根本上影响着企业实力。提高人力资本的价值，成为企业矢志不渝的追求。

当前，分析企业经营价值链发现，企业实力和赢利能力的提升，与顾客满意度息息相关，顾客的认可显得尤为重要。而要获得顾客的认可，长期维持企业与顾客之间的密切关系，在很大程度上有赖于员工的付出与努力，这就需要不断提高员工的满意度和忠诚度。在管理过程中强化人力资源与客户资源的深度结合，一方面要大力提升以员工为核心的人力资本价值，另一方面要执着追求最大的客户资本价值。因此，企业人力资源管理要树立新观念，形成新思维，从营销的维度来推进管理工作，促进人力资源的开发，以达到提升人力资本价值的目的。

可见，从一定程度上看，人力资源管理也是一种具有营销性质的工作。这要求企业高度关注员工需求，从文化、待遇、发展空间等多个方面出发，为员工提供强大支持，提高员工满意度和忠诚度。既要引进并留住人才，也要促进人才增值，使其发挥更大价值。实际上，人力资源管理者的角色是多重的，既是客户经理，也是销售员，同时也是工程师。人力资源管理者要具备更高的管理能力，既要掌握系统的理论知识和高超的实践技能，也要善于推销人力资源产品与服务，促使人力资源管理得到广泛认可。

二、执行人力资源管理的核心职能，提升人力资本价值

人力资源管理的核心职能就是挑选人才、任用人才、培训人才及留住人才，即选、用、育、留。为充分发挥其职能，要根据企业发展战略，综合分析各种环境因素，进而提出科学的人力资源战略，制定行之有效的实施方案，据此推进各项工作，最终达到人力资本增值的目的。

（一）挑选人才

企业用人观念与方式往往受到多方面因素的影响，如同行竞争形势、企业发展水平、员工组成结构等。在人员招聘中，要综合而深入地分析这些影响因素，并根据不同岗位的实际需求，全面把握所需人员的理论水平、技能熟练程度、就业意愿等因素。同时，要确立招聘职位的待遇情况，毕竟待遇好坏会明显影响应聘者的数量。若待遇较好，应聘者会更多，这种情况下企业可适当上调招聘标准，从中挑选综合表现突出者，这对于减少培训支出、提高员工整体素质、增强企业实力具有积极意义。人员招聘是一门艺术，有效招聘能在一定程度上减少人员流失，有助于避免人力资本投资的浪费，并促进绩效提升。

（二）任用人才

任人善用是人力资源管理的一个突出要求。在人员招聘结束后，要为新入职员工安排富有一定挑战性的岗位，发掘其潜能。面对有难度的工作任务，员工会通过向他人请教、自我钻研等方式解决问题，进一步充实其知识储备，使其工作能力得到提升。在完成这项工作任务后，员工容易产生成就感，体会到自己在组织中的价值，从而以更大的热情投入到工作中，并在未来的工作中不惧困难，勇于战胜挫折，获得更多的成功，由此形成良性循环，实现人力资本的增值。

（三）培训人才

在科学技术迅猛发展的新时代，员工的知识增长与技能提升是企业长足发展的需要，也是人力资本增值的体现。为适应发展形势，提升自身价值，员工应持续丰富自身的知识储备，提高自己的技能水平，并具备应对各种工作的能力，从

而适应新流程与新要求。对技能要求低的工作将迅速被技能要求高、沟通能力强、思维更敏锐的工作替代。不可否认，学习为人们带来的回报可能是超乎想象的。企业投入大量的物质资本，如引进最先进的设备、建设新式厂房，其成效远不如人力资本投入。企业运行效率的提高有赖于人力资本的增值。据相关统计，美国商业界每年对正式培训的投资高达 520 亿美元，同时也在其他类型的培训活动上投入大量资金。但从我国企业的培训状况来看，并不容乐观，很多企业甚至认为培训是一种资源浪费，员工培训长期处于被忽视的位置。

　　企业要想通过员工培训达到提升绩效的目的，必须构建科学、有效的培训体系，推进培训活动的顺利实施。员工培训体系可划分为 4 个阶段：第一阶段是分析培训需求。培训活动的实施是为了达成组织目标，组织目标的实现依赖于各部门员工的共同努力，培训需求分析可从以下 3 点入手：一是组织分析，对企业战略、既有资源及内外环境做出调研，据此找出培训重点；二是任务分析，全面了解完成各岗位任务所必备的知识与技能，把握人员培训的基本方向；三是人员分析，明确哪些员工仍有培训需求，这些员工的哪些能力需要进一步提升。第二阶段是设立培训目标。影响培训目标的因素主要有 4 个：一是员工的哪些知识需要丰富，哪些技能需要提升；二是所需丰富的知识与提升的技能要达到何种标准；三是员工在什么情况会表现出这些知识与技能；四是知识丰富与技能提升能对绩效产生多大影响。第三阶段是设置并实施培训课程。在明确培训需求与培训目标的基础上，要科学设置培训课程，选取培训方法，营造优良的学习环境，激发员工参与培训的自觉性和积极性，促进培训活动的顺利实施。第四阶段是评估培训项目。明确评价指标，是综合评估培训项目的基本需要。整体来看，评估指标大致有 4 个：一是员工对培训活动的参与情况与满足度；二是员工学得新知识的多少与技能提升的程度；三是员工的新知识与新技能在实际工作中的应用情况；四是员工能力提升对绩效的影响程度。在上述培训体系中，很多企业仍未高度重视培训需求分析与培训项目评估，对培训目标与企业发展需求的结合造成了不良影响。在一些企业中，培训组织者甚至存在应付心理，只是出份考卷，根据考试分数来评判培训成效，并未针对员工对新知识与新技能的应用情况进行跟踪调查，对培训成效的把握存在片面性，难以为未来培训项目的开展提供有益借鉴。

（四）留住人才

能否留住人才是人力资源管理中的一个关键问题。人才留任的手段主要有优厚待遇、事业规划、情感因素。人才留任并不意味着要留住所有员工，适当的人员流动也会对企业产生积极影响。根据帕累托法则，企业80%的效益是由20%的人创造的。因此，企业应采用各种手段留住能为企业带来巨大效益的员工。同时，也要建立以绩效为参考的末位淘汰制，即对创造80%效益的员工进行考核，淘汰其中能力较低的成员，并补充优秀人才，为其注入新的力量，以提高队伍的整体素质，使企业拥有更大的竞争优势。

人力资源管理的业务范围、服务对象都呈扩大之势，涉及全体员工及企业管理的各环节、各方面。人力资源管理的一个核心目标就是促进人力资本增值，提升绩效。但实现人力资本的增值，并不是一蹴而就的，而且并不一定完全按照企业希望的方向发展，甚至会与企业希望背道而驰，这就对人力资源管理提出了挑战。对此，在人力资源管理中，要准确把握员工需求与企业需要，提高员工满意度，促进员工能力提升，在实现员工自身价值的同时提升绩效，促进企业需要与员工需求的深度融合，通过人力资本增值推动企业发展。

三、促进人力资源增值的五大机制

（一）战略活化机制

企业战略目标能为企业发展提供指导，但战略目标的细化、具体化也是管理工作的一项重要任务。对于人力资源管理者而言，要根据企业实际情况将战略目标分解为便于落实的目标，实现战略目标的具体化，如绩效管理目标、员工激励机制、员工培养方案等，促使战略目标转化为日常运作层面可执行的内容。一些企业为推进战略目标的实现，设立"团队精神年""能力提升年"等，这样有助于明确人力资源管理部门的工作重点，有针对性地开展工作，逐步强化人力资源管理职能，促进短期目标的实现，最终实现企业战略目标。

（二）灵动反应机制

人力资源部门的各项工作要与业务运作相协作，为业务运行提供协助，促使业务经理及各部门员工能充分施展自身才能，顺利开展业务，增强工作成效。从这一维度来看，拓展业务范围，提升运作效率，加强与其他部门的协调，是人力资源部门彰显价值的有效途径。对此，人力资源管理者要不断完善业务流程与反应机制，提高工作效率。例如，人力资源专员接到任务后在多长时间内能了解清楚情况并将文件交到人力资源经理手中，人力资源经理在多长时间内能完成审核，其审批过程要重视利益攸关者的参与，听取相关人员的意见，保证审批业务始终建立在现实依据的基础上。要建立有效灵活的反应机制，需要信息化建设的支持，信息系统的整合与更新显得尤为重要。

（三）专业协作机制

人力资源管理有极强的专业性，高层管理者或直线经理相关业务的执行离不开人力资源部门的协助。在企业集团的发展中，总部人力资源管理与下属公司人力资源管理并非完全独立，而是存在一定的联系的，二者密切配合，相互协调，对于业务顺利实施具有积极作用。企业集团人力资源部门应注重核心队伍建设，加强总部与下属公司的人员整合，可实施总部专家派出制，以形成合力，优化工作效果。

上海贝尔阿尔卡特股份有限公司是中国通信行业第一家外商投资的股份制企业，其人力资源管理主要由三大业务模块组成：一是专业技能模块，重点开展人员招聘、员工培训等业务，承担着制定方案政策、优化与更新工具等职责。二是Line HR 模块，相关人员到一线协助部门经理，人力资源部门和业务部门都会参与其绩效考核。三是人力资源运作模块，主要负责人力资源操作性事务的执行，如办理入职和离职业务。建立专业协作机制，有助于提高人力资源管理效率，为其他部门业务实施提供有效辅助。

（四）智慧共事机制

智慧共事机制也可称作创意护送机制。促进员工智慧在企业内部的自由流动与共享，开发员工智慧的价值，也是人力资源部门不容忽视的一项任务。智慧共享是知识经济时代发展的要求，也是增强组织实力的需要。员工智慧也表现为创意。创意可能会是灵机一动的微小念头，也可能是一种不成熟的设想，缺乏生命力，容易被人扼杀。因此，人力资源管理部门要发掘员工智慧，特别要维护有潜力的创意。当前，一些企业逐渐认识到"群策群力"的重要性，这是一种积极的企业文化。在这种文化环境下，员工的参与性尤其受到关注，每一位员工都有展现个人创意的机会，也会有发光发彩的可能，进而促进员工智慧的发掘与利用。

这样，管理者通过引导而非命令方式实现高效管理，营造和谐、自主的工作环境。

此外，人力资源部门应积极探索多种手段发掘与利用员工创意，如员工每年向部门领导提交工作改进方案，在公司内自由搭配组成非正式项目团队进行课题项目研究，为优秀创意提供奖励。

（五）员工士气监测机制

员工工作热情与敬业度是企业发展中的一个重要因素。激发员工工作热情，提高其敬业度，是人力资源部门的一项任务。对于人力资源部门而言，要采取有效手段，根据企业实际情况与员工需求制定政策，使员工以更大的热情、更强的责任感投入工作，并对组织产生强烈的依赖感和认同感，在工作岗位上付出更多的时间与精力。人力资源部门应加强与直线经理的沟通，引导他们认识到员工工作热情的重要性，并使他们掌握一些激励员工的方法。人力资源管理者要综合把握员工满意度和敬业度，了解影响员工敬业度的因素，并将这些情况传递给直线经理，为其提供适宜的方法，帮其分析员工敬业度低的原因。在现实中，多数员工会因降薪而失去工作热情，这时人力资源部门应及时与员工沟通，对其进行疏导，从而使降薪政策得到员工的认可。同时，对于员工而言，要对人力资源部门抱有信心，及时表达自身看法，保障自身权益。

人力资源管理对于企业发展有着十分重要的作用，人力资源部门要积极为员工提供更优质的人力资源产品与服务，提升自身的专业化水平，高质量地完成工作任务，以更强的奉献意识为企业创造价值。值得注意的是，人力资源部门应强化机制建设，推进各项业务的顺利实施，将增强企业竞争力作为自身的追求，重视人力资源的开发与增值，为企业发展提供强大的人才支持，助推企业转型发展。

四、我国人力资本发展展望

在社会经济发展进程中，我国逐渐发展成为世界制造中心。世界各国日益深刻地认识到中国在全球经济发展中的强大力量、对世界经济发展的巨大推动作用、广阔的发展空间及较好的发展前景。然而，人力资源整体素质偏低仍然是与我国社会经济高速发展不相适应的一个突出问题，难以契合现代化发展需求。这主要是由于我国对人力资本的投资程度远低于世界平均水平。进入知识经济时代，我国逐渐认识到人力资本在经济增长中的价值，但对人力资本的投资仍未得到明显提升。人力资本在国家经济发展中的地位是其他任何资本都无法取代的，如果引导工人接受再教育，使其掌握新技术，我国的发展水平将进一步提升。这种观点引发了我们对人力资本投资的深刻思考。扭转物质资本与人力资本投资不平衡的现状，是我国社会经济持续发展的需要。

面对这种现状，我国企业人力资源管理者应加强探索，深入发掘并充分利用人力资源，促进人力资本增值。总体上看，我国企业人力资源管理者应关注以下几点：第一，在分析企业战略目标的基础上制定人力资本战略，以战略的眼光实施人力资源管理；第二，构建科学的人员培训体系，保证人员培训常态化，增强培训成效；第三，打造学习型组织，增强员工自我提升的意识，使他们自觉丰富个人知识储备，提升自身技能。重视个人职业与企业战略的深度融合，既要实现员工个人的成长，也要增强企业竞争力。员工是达成企业战略目标的人力支持，提高企业内部成员的整体素质与业务能力，把握人才竞争优势，是企业长足发展的不竭动力。

第四章　人力资源管理的定位

第一节　战略合作伙伴

"业务伙伴"已经成为那些帮助企业达成业务目标的 HR 人员的代名词。作为"业务伙伴"的 HR 人员扮演着很多角色，其中之一就是战略合作伙伴，负责将战略转化为行动。

一、对战略合作伙伴的基本认识

在企业管理中，HR 人员都扮演着战略合作伙伴的角色。他们都被要求回答同样的问题：该如何创建一个能达成业务目标的组织？业务目标表达方式有很多种，如财务目标、平衡计分卡、愿景、意图、使命、抱负，不管目标的具体表达形式或内容如何，都必须建立一个能达成目标的组织。当 HR 人员扮演战略合作伙伴角色时，他们和直线经理共同制定并管理一个流程，这个流程能够帮助建立起满足业务需求的组织。

当 HR 人员有能力将企业战略转化为行动时，他们就成了战略合作伙伴。做到这一点需要先了解成为战略合作伙伴所要面临的挑战，然后建立必要的组织模型以应对这些挑战。要做到这些，需要 HR 人员实施严谨有序的组织诊断工作，包括 4 个步骤：一是定义组织模型；二是建立评估流程；三是为管理改进提供领导力支持；四是设定优先顺序。

企业的任何层级都可以进行组织诊断。在企业层面，HR 人员可以组织公司高管按照结构化问题进行组织评估。这些结构化问题的作用是帮助检查组织是否能够达成业务目标及如何达成。类似的分析也可以在某个工厂、业务单元或部门（如研发部门、工程部门、市场部门、HR 部门）进行。

当 HR 人员带领管理层实施组织诊断模型时，他们就成了创造价值的业务伙伴。身为战略合作伙伴的 HR 人员应该鼓励直线经理共同肩负组织诊断的责任。当直线经理的关注点放在将战略转化为行动上时，他们将承担下列几项任务：确保每项业务规划都有相应的可执行的行动计划；确保对客户、员工及投资人的战略承诺不会改变；针对人力资源管理工作提出质疑以评估关注点与优先级顺序。

作为战略合作伙伴的 HR 人员不应完全同意或者跟着高层团队的决策走，应该推动大家认真讨论如何创造一个能实现战略的组织。作为战略合作伙伴的 HR 人员不应该变成高层团队的奴仆，而是要倡导在组织中建立平衡设计卡。作为战略合作伙伴的 HR 人员应该通过在自身工作领域的卓越表现来赢得尊重与信任，如通过组织诊断创建卓越的组织。作为战略合作伙伴的 HR 人员必须具备信心，勇敢应对各项挑战。

二、构建组织诊断框架

将战略转化为行动需要规则，将战略转化为行动的过程被称为"组织诊断"。所谓组织诊断，就是对业务进行系统评估并根据目标匹配度调整组织管理工作的过程。HR 人员要创建能够实现战略的组织，就必须建立对组织优劣势进行审查的组织诊断流程，之后对发现的劣势进行改善。

当财务专业人员检查某项业务的财务流程时，就是在做财务诊断。同理，HR 人员所做的就是组织诊断。在财务诊断中，专家系统评估财务管理状况（如应收账款、应付账款、库存、周转率等），然后提出改进财务流程的方法。在组织诊断中，为更好地实现战略目标，HR 人员应对相应的组织体系和运作情况进行检查并改善。

一个完整的组织诊断包括 4 个步骤：一是定义组织模型；二是建立评估流程；三是为管理改进提供领导力支持；四是设定优先顺序。作为战略合作伙伴，HR 人员需要确保这些步骤是和他们的客户（直线经理）共同完成的。

（一）定义组织模型

组织顾问大卫·纳德勒和他的同事以建筑物做比喻来描述存在于组织中的系统：组织就像建筑物一样包含许多系统；组织模型说明了构成组织的各个系统；设计、整合及运作这些系统的能力是有效组织的根本。

用来描述组织运作的架构和框架有很多种，如杰伊·加尔布雷斯提出的星形组织模型。他定义组织的 5 个基本要素为：战略、结构、报酬、流程及系统。麦肯锡管理顾问公司所采用的 7S 组织模型则定义了 7 个要素：战略、结构、制度、人员、风格、技能和共同价值观。美国商务部也用一种组织模型来定义美国马尔科姆·波多里奇国家质量奖。

在进行组织诊断时，HR 人员必须以一个清晰的组织模型开始。某种程度而言，使用哪种架构并不那么重要，重要的是架构是否被清晰地描述。清晰的组织模型可以避免 HR 人员和他们的"客户"采用短视的眼光看待组织系统。如果缺乏一个组织模型以定义组织内的多重系统，管理层可能会认为组织就等于结构，这种观点并未考虑组织基础建设中的其他重要元素。财务诊断工作也是遵循一个定义好的关键财务流程的结构来进行的，同样，组织诊断也必须遵循某个结构而进行。

研究发现，下面的 6 个要素定义了组织如何运作并识别出战略型组织所必须具备的系统。

一是共享心智，代表企业中共有的认知和文化。

二是胜任力，代表存在于员工个人及团队的知识、技能及能力。

三是绩效，代表绩效管理标准，包括评价与奖励体系。

四是治理，代表组织内的汇报关系、决策流程、政策制度及沟通流程。

五是变革能力，代表组织如何流程改进，管理变革、学习。

六是领导力，代表公司是如何形成的、如何沟通，以及如何致力于发展。

运用共享心智及领导力两项因素可组成组织。共享心智（或共同文化）是凝聚组织的黏合剂，领导力是组织发展管理工作的基础。而 4 个支柱——胜任力支柱、绩效支柱、治理支柱、变革能力支柱，是对分析战略目标所需的人力资源工具的深度应用，是实施人力资源管理的需要。

每个支柱代表一个可以有效保障企业战略的组织条件。胜任力支柱确保组织具备执行企业战略所需的知识、技能和能力；绩效支柱是对达成或未达成企业目标进行跟进落实的组织流程；治理支柱确保建立有效的组织结构和沟通渠道以引导员工行为；变革能力支柱确保存在适应和改变组织的流程。当组织具备胜任力、绩效、治理及变革能力4个方面的能力时，就能将企业战略转化为具体行动。遵循此结构，企业战略将不再只是虚幻泡影，而会成为承诺与行动。

4个支柱提供的框架有助于界定将战略转化为行动所需要做出的选择。识别并执行4个支柱所做出的选择，才能确保建立稳固的战略执行基础。企业高管经常会错误地将他们所有的注意力及资源全部集中在某个支柱上，而忽略了其他3个支柱，因而导致战略执行的基础不稳固。例如，某公司高管制定了一个全球化战略，并努力地创造一个能适应全球化企业需求的组织结构。在建立全球化组织结构之后，他们误以为公司不仅具备了合适的战略，同时也采取了实现战略的一切必要步骤。然而，这个战略并没有成功，高管也感到相当沮丧。单独的组织模型本身并不能实现全球化或其他任何战略，公司还需要发展适应全球运营的胜任力，设计可以有效衡量结果的绩效评估系统，创造一个能使该公司从国内企业转型为全球化企业的变革流程。该公司只偏重于结构中的某个支柱，错误地以为组织基础非常稳固，高管并没认识到将战略转化为管理行动需要同时对全部4个支柱投入足够的关注。所有公司都应该认识到，对某个支柱的选择很有可能会影响对其他支柱的选择，4个支柱之间必须相互协调。

当HR人员利用模型来进行指导分析时，会设定组织如何运作，同时设定有效的组织诊断步骤。

（二）建立评估流程

在建立评估流程时，共享心智、胜任力、绩效、治理、变革能力及领导力6个要素成为诊断评估的问题，通过这些问题可以探寻出组织的优劣势。表4-1呈现了评估组织能力模型。其中，最左一栏列出了模型中的6个要素。第二栏则对应将每个要素转化成问题，目的是了解每个要素在多大程度上能帮助组织达成战略意图，此处的"组织"是指被诊断的单位，可能是公司、公司内的业务单元、工厂或某个职能。表中的"评分"栏使用简单的评分量表（1分代表最低，10分代表最高）。在诊断过程中，公司将会发现这样的方法引发的讨论远比分数本身来得重要。"最佳实践"这一栏代表改进措施，这是诊断的第三步。评估方法在既定的业务优先级与预期的能力条件下，评估企业在表中各项实现战略所需的管理行动方面的表现如何。

表4-1 评估组织能力模型

要素	问题	评分（1~10）	最佳实践
共享心智	我们多大程度上拥有正确的共享心智（共同文化）？		
胜任力	为了实现未来目标，我们多大程度上具备了所需的胜任力（知识、技能和能力）？		
绩效	为了实现未来目标，我们多大程度上拥有正确的绩效管理体系（衡量指标、奖惩）？		
治理	为了实现未来目标，我们多大程度上拥有正确的组织结构、沟通机制和制度政策？		
变革能力	为了实现未来目标，我们多大程度上具备改进工作流程、变革和学习的能力？		
领导力	为了实现未来目标，我们多大程度上具备所需的领导力？		

评估阶段可以正式地或非正式地进行。不论采取哪种方式，管理组织诊断流程的HR人员扮演着战略合作伙伴的角色，系统地帮助企业将战略转化为组织行动。

如果作为非正式工具使用，评估模型可以帮助HR人员参与任何战略讨论，促进管理团队聚焦在如何建立一个能实现业务目标的组织的讨论中。例如，当一个电子工厂在制定成本战略时，HR人员就应该推动工厂的管理团队讨论成本降低所带来的组织影响，通过向该团队提出表4-1中的6个问题来评估组织是否具备实现成本降低目标的条件。在讨论结束时，团队管理层不仅制定了一个成本战略，同时也制定出为实现此战略所需要采取的行动计划。

如果作为正式工具使用，评估模型就可以提升组织诊断的效果。某些公司运用系统性的组织诊断作为财务诊断的补充。通用电气的人力资源副总裁比尔·康纳狄制定了一个政策，要求HR人员参与公司的业务诊断团队。这些HR人员将类似于人力资源问题嵌入传统的业务诊断中。零售连锁店也同样将组织诊断视为财务评估的重要补充，每季度都会选定每个商店的部分员工填写组织评估问卷调查。这些随机挑选的员工所给出的评分便是各商店的组织诊断衡量结果。

HR 人员可以进一步领导与制定诊断流程，并回答下列有关组织诊断资料的来源、性质及用途问题。

第一，谁收集组织诊断资料？有 3 个团队可以负责收集诊断资料，独立或者协作行动都可以。第一个团队是直线经理，作为组织诊断任务团队负责收集相关资料；第二个团队是 HR 人员，收集诊断资料是他们的责任之一；第三个是被委托进行诊断的团队，如第三方咨询公司。上述 3 个团队共同参与组织诊断工作，人力资源高级副总裁负责领导整个组织诊断的任务团队，任务团队中直线经理实施人员访谈，另外还聘用了一位顾问帮助定义流程并提炼澄清问题。

第二，谁提供资料？组织诊断通常以感知型资料为基础，因此过程中的多角度感知就很重要。诊断资料的来源有 3 个渠道：其一，公司员工可以评估组织要素。如果让员工进行诊断工作，询问跨部门跨层级不同员工的意见就非常关键，因为高层管理者的感知可能和组织中其他层级员工的感知存在显著差异。其二，可以向公司价值链上下游的供应商与客户询问他们对组织效能的感知和看法。让供应商及客户参与组织诊断过程，有助于强化他们与公司的关系。其三，可以将公司的组织实践和同行业竞争者或其他行业表现优异公司的最佳实践进行比较。综合这 3 个渠道的资料，可以确保组织诊断流程的完整性。

第三，收集哪些类型的资料？组织诊断资料可能包括感知型资料和实证型资料。感知型资料是指那些与组织互动的人的想法和感受。由于感知往往反映事实，而且人们通常依据感知来采取行动，因此这些资料不仅有效，也非常重要。实证型资料来自反映组织现状的相关比率和其他指标，如培训投入占预算的比例、人均产值、薪酬级差、管理者与员工人数比等。财务诊断工作通常会收集组织管理工作的具体信息，然后形成反映公司总体财务健康状况的指数。当组织诊断变成日常工作时，可能会发现所谓的组织能力指数可以用来衡量组织达成业务目标的总体能力。

第四，资料分析如何转化为行动？组织分析往往偏重收集资料而忽视分析与行动。收集了大量资料，撰写了报告，也掌握了统计结果，但由于缺乏明确的聚焦点而无法采取具体行动。随着诊断过程的展开，数据分析应该被转化成具体行动，包括确认关键的问题，让问题的决策人了解问题和数据，提出并选择行动计划。

（三）引领管理改进的实践

组织诊断不能仅仅停留于调研分析的层面，而要以改进管理为最终落脚点。HR 人员针对 6 个组织要素中的每一个都可以提出可选的行动方案，对其他企业的优秀实践予以借鉴，进而有目的、有组织地开展工作。HR 人员应该带头提议，建立和讨论关于共享心智、胜任力（人员配置与培养）、绩效、治理（组织设计、政策与沟通）、变革能力、领导力方面的最佳实践。为每个方面建立可选的人力资源方案是 HR 人员的责任，他们必须具备相关专业技能及其前沿的知识。

当 HR 人员将组织诊断推进到第三步时，他们会制定出一系列即将被推行的人力资源措施。某公司在第三步中制定出未来将推进的 15 项人力资源行动方案。但在最终的执行过程中却完全走样，因为他们发现过多的行动方案分散了他们的精力。

（四）设定优先顺序

组织诊断的第四步是设定人力资源行动方案的优先顺序，也就是要专注在哪些最重要、最关键的行动上。图 4-1 展示了如何使用两个基本维度来评估哪些 HR 工作应该被赋予最高的优先级。纵向维度是影响力，包括以下 3 个方面：一是匹配程度，即 HR 工作帮助达成战略的程度；二是整合程度，即人力资源各项工作之间的整合程度和相互影响的程度；三是客户关注，即 HR 工作影响外部客户的

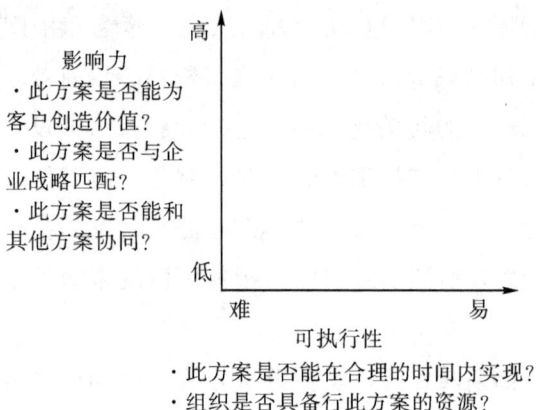

影响力
·此方案是否能为客户创造价值？
·此方案是否与企业战略匹配？
·此方案是否能和其他方案协同？

高

低

难　　可执行性　　易

·此方案是否能在合理的时间内实现？
·组织是否具备行此方案的资源？

图 4-1　人力资源行动方案优先级设定

程度。这 3 个方面加起来，决定某项 HR 工作在纵向影响力维度的高低位量。横
向维度是可执行性，包括以下两个方面：一是资源，即达成此项 HR 工作所需的
组织内资源的支持程度（如资金与人才）；二是时间，即管理层对于此项 HR 工作
的投入程度。资源与时间两个方面加起来，决定某项 HR 工作在横向可执行性维
度的难易程度。

　　某公司将影响力及可执行性作为两个维度，选择合适的方法将战略转化成行
动。该公司的 HR 人员制定了能够匹配战略的若干项人力资源行动方案。他们知
道这些工作不可能都在短期内实施，于是召开了一个会议，讨论每项人力资源行
动方案的影响力及可执行性，并利用表 4-2 设定优先级。

表 4-2　优先级设定

HR 工作	影响力	可执行性
基于胜任力的人员招聘		
继任计划		
职业发展规划		
行动学习培训项目		
全球领导力发展		
团队激励		
对冒险者支付较高薪酬		
弹性福利		

　　HR 人员和直线经理共同讨论，并针对每项人力资源行动方案从影响力与可执
行性两个维度进行高中低评分。通过这样的讨论，对列出的所有人力资源行动方
案排定优先顺序，并决定应该重点投资哪几项行动方案。

　　得出的人力资源各项行动方案的优先级评分可用来绘制图 4-1。每项行动方
案都被精准地放在相应的位置，从而清楚直观地呈现出大家讨论达成的共识。利
用图 4-1，HR 人员可以为组织诊断后制定出的人力资源行动方案设定优先级，再
用图 4-2 时间轴的方式根据优先级顺序制定具体的执行时间表。图 4-2 中的横轴
代表时间（通常是 1 年或 2 年），图中的每个阶梯代表在既定的期限内要完成的优
先级工作，越高阶代表需要越复杂的改变。在 2 年时间内，大多数组织能完成的

优先级工作不会超过 4~5 项。

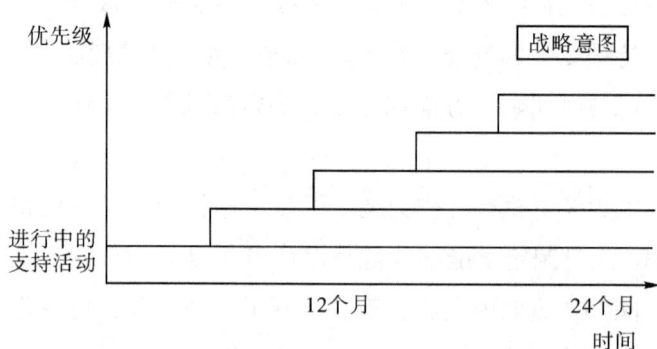

图 4-2 组织能力规划——优先级和支持

第二节 人力资源效率大师

一、成为人力资源效率大师：推行两个阶段人力资源流程再造

人力资源效率大师角色包含两个方面的含义。

一方面，HR 人员帮助公司完成企业流程的再造。当组织在改进核心流程时，HR 人员可以积极致力于组织流程的简化和效率提升。过去业务流程的再造往往由技术人员主导，偏向程序化与理性思维，极少向从事人员管理的 HR 人员征询意见。25% 的业务流程再造之所以失败，或许就是因为缺乏 HR 人员的参与。

另一方面，HR 人员也必须将他们的管理专长应用在人力资源流程再造上。即使 HR 人员没有受邀参与业务流程再造，也应该对本部门流程进行必要的再造，从而更有效率地提供人力资源服务。这样，不仅可以改进公司的基础事务流程，也可赢得信任并参与到后续的业务变革活动中。

无论是业务流程再造还是人力资源流程再造，人力资源管理者都应准确把握流程再造的两大必要阶段，从而达到价值创造的目的。

第一阶段：改进流程，对流程的各个环节进行分析与评估，判断哪些流程是无效的，并对其进行优化。这个阶段是最常见的流程再造类型，使用的是传统的流程描述和流程图等工具。

人力资源流程再造的第一阶段是将业务流程再造原则应用于人力资源流程的改进。密歇根大学商学院教授亚瑟·杨恩提出人力资源流程再造的步骤：第一步，定义目标流程；第二步，描述现状模型；第三步，质疑基本假设；第四步，制定目标模型；第五步，启动、执行、宣传；第六步，衡量对企业的影响。

第二阶段：重新思考 HR 的价值创造。立足于价值创造的需求实施变革，不能局限于简化与优化流程，而要创造出新的流程，这是对已有流程的颠覆与再造。

20 世纪末期，几乎所有美国企业的 HR 部门都已经完成了流程再造的第一阶段，并改善了流程。但是，尽管这些改进能够带来更高效的人力资源服务，却往往未能发挥更进一步的作用。身为人力资源效率大师，HR 人员不仅要降低成本、简化工作流程，还要迈向第二阶段，重新思考 HR 人员的价值创造。价值创造是指超越人力资源流程再造，进一步重新思考和构建 HR 工作的理念与方法。

二、发挥人力资源效率大师的作用，设立 3 大框架。

在重新思考人力资源的价值创造时，人力资源效率大师提出了以下 3 个框架。

（一）消除集权与分权的争端

通常一个组织的人力资源管理方式分为集权型和分权型两种：集权型是将人力资源职能的权限责任赋予企业高层；分权型是将人力资源职能赋予业务单元及一线部门。图 4-3 依据整合程度（集权）和差异化程度（分权）体现其中的区别。这两种方式的基本分歧在于权力与责任：谁有责任设计人力资源系统？谁提供人力资源服务？谁决定如何开展 HR 工作？这些权力通常不是集中在公司总部或高层，就是分配给一线业务单元。

关于集权与分权的争执永远也没有满意的答案，因为这个问题本身就是错误的。它只关注提供什么样的人力资源服务，而忽略了谁在使用人力资源服务。由于集权与分权的争执导致权力分配变化无常，导致员工对于 HR 工作持不信任的态度，导致人们将注意力放在权力和责任上，反而忽视了最重要的服务工作。

作为人力资源效率大师，必须重新思考与构建 HR 人员在服务体系中的基本角色，才能避免集权与分权的争执。

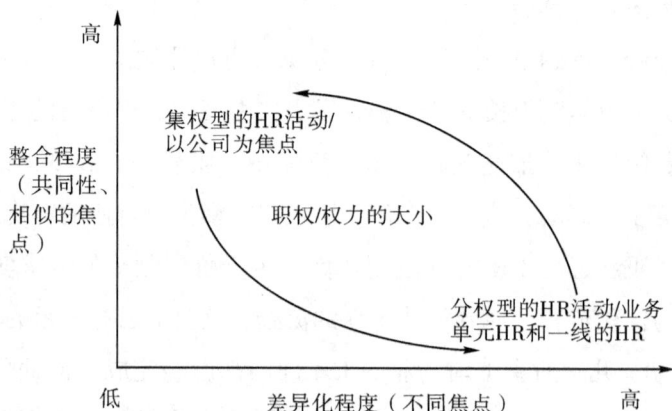

图4-3　集权与分权的矛盾

（二）构建人力资源服务的提供方式

组织中有太多人将精力消耗在对控制权的争抢上，有效的组织应将重心转移到为客户创造价值上。创造价值的着眼点不在于团队或组织的内部事务，而在于为客户提供了什么。是否有价值应该由接受服务的人评价，而不是由服务的提供者评价。例如，我想送朋友一束花作为生日礼物。我认为这是个很有价值的礼物，而且100元的花费对我而言不是小数目。可是，朋友却认为我只是花不到2分钟订购了一束花而已。因此，他/她并未收到我想传达的价值。一份礼物是否有价值，必须用接受者的感受来评价，不是以给予者的想法为标准。

作为人力资源效率大师必须学习如何创造价值，但并非从自己的角度出发来认定价值，而是从直线经理和其他客户的角度来衡量。HR人员必须考虑的问题是：我的工作能为企业创造什么价值？这个问题会促使HR工作的焦点从"做什么事"转移到"该提供什么服务"上。

如果HR工作的重心仅仅是权力和职责，那么人力资源服务只针对公司管理层和业务单元经营层就够了。但实际上HR工作的重心不该只是如此，对HR的需求也不是这两个方面就够了。已经明确HR工作的重点是创造价值，那么人力资源服务的提供方式就必须加上另外4种：HR外包服务、共享服务中心、专家中心、集成解决方案。图4-4对这6种方式做了详细的说明。

1. HR外包服务

提供人力资源服务的方式之一是把HR工作委托给外包服务商。已经有不少

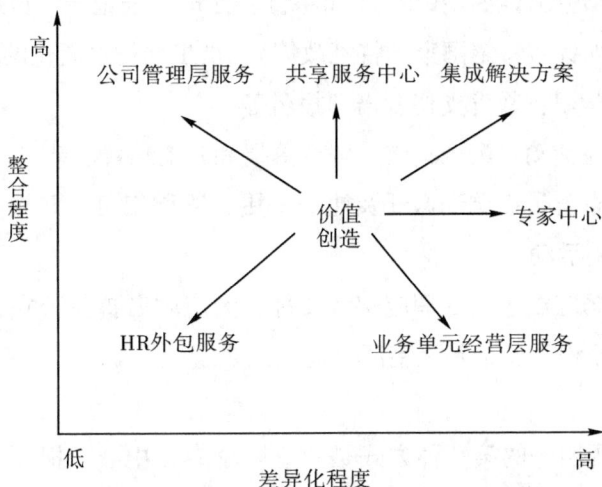

图 4-4　人力资源服务创造价值的 6 种方式

公司采用这种方式，当前的问题焦点在于公司到底应该把多少人力资源服务工作外包。采取外包服务方式的基本前提是外包方式可以节省成本、达到服务效果。但问题在于公司所处的行业中，HR 外包服务的平均可接受价格与质量标准是怎样的。就具体 HR 工作而言，只要达到行业平均增值标准就可以。例如，一些公司认为，员工福利和薪资方面的工作只需要花费行业平均成本便能完成，因此，这些公司决定将这类 HR 工作外包。这时，公司人力资源效率大师的工作焦点在于管理外包服务，包括合同谈判、招标、拟定合同、监督合同执行等工作。

2. 共享服务中心

提供人力资源服务的第二种方式是建立共享服务中心，共同处理人力资源相关事务。这些共享服务中心在单一地点将事务标准化，通过业务单元间的合作提高效率。例如，不同业务单元之间类似的员工福利事务，可以通过标准化处理流程，由共享服务中心处理员工的询问，进而提高这些事务的处理效率。

事务性 HR 工作处理的是满足员工日常需求的标准化流程、问题和活动，包括以下几个方面。

（1）员工福利：福利变更、弹性福利、医疗费用申请、受益人变更、员工对公司政策和薪酬等方面的咨询。

（2）薪酬：股票选择权的文件处理工作、代扣税款、年金提取（401K 年金计划）、薪资给付（包括代缴代扣款、保留款）、处理打卡记录、员工休假记录与政策、环境资料（如针对特定国家的特别政策）、员工结构多元化的统计资料。

（3）发展与学习：教育支持、培训报名等。

（4）公司公益活动：配合捐赠、联合募捐和其他慈善活动。

（5）员工信息：员工调动搬迁及地址变更、职称变更、差旅费申报、员工餐饮服务、员工休闲活动。

（6）人员招聘与配置：处理应聘者文件、为应聘者提供公司信息查询、发布职位空缺、应聘流程、员工差旅签证申请。

3. 专家中心

提供人力资源服务的第三种方式是建立一个专家中心，把原先散布于各业务单元的 HR 各领域专家聚集在一起，更快速地分享其专业能力。专家中心着力于与转型相关的服务，要么有助于战略执行、文化变革，要么设计和推动达成经营目标的人力资源活动。转型工作不同于事务性工作，要由提供 HR 专业支持的专家中心去完成，而不是并入共享服务中心。专家中心涵盖了具备下列 HR 领域知识与专长的个人和团队。

（1）人员招聘与配置：寻找适合人才、继任计划、职业生涯发展规划、人才测评、筛选应聘者、双通道职业发展、裁员。

（2）发展培养：高级管理人才的发展、行动学习、个人发展计划、能力提升、绩效管理、发展性的工作轮岗、劳动力多样性、学习型组织。

（3）薪酬：薪酬给付、工作分析、绩效评价、激励计划、岗位评估、收益分享计划。

（4）组织管理：组织变革、流程管理、组织诊断、文化变革、再造。

（5）沟通：媒体管理、会议管理、公共关系、HR 信息系统。

（6）组织设计：高绩效工作团队和组织结构。

（7）员工关系：员工满意度调查、员工焦点小组、心理契约、工作与家庭政策、员工支持计划。

（8）工会关系：劳工合同和员工申诉程序。

（9）保障：管理者、员工和技术人员的心理健康服务。

对于这些人力资源活动，专家中心将先前分散于公司各业务单元的 HR 专家集中起来，并鼓励各业务单元使用这些专家资源解决相关问题。如果没有设立专家中心，具有这些 HR 领域知识与专长的专家就可能永远只为个别业务单元做贡献。

专家中心的 HR 人员为业务单元提供咨询服务，必须学习相关技术领域中的最佳实践，并应用知识针对性地解决公司问题。在复杂的跨国企业，如摩托罗拉，在某个特定地区或业务单元（如半导体、寻呼机、卫星通信），可能有多个专家中心。这些 HR 专家也会积极寻找和筛选能为公司提供服务的外部供应商。作为内部咨询顾问的 HR 专家，他们的影响力来自自己的专长，而非在公司的职位。这些 HR 专家可以站在公司层面，通过理解公司战略、文化、历史来为公司创造价值。此外，专家中心的 HR 专家也可以帮助业务单元筛选并提供外部专家资源。

共享服务中心和专家中心有不同的运作目的与流程，如表 4-3 所示。如果把这两种方式混合在一起，可能会因为它们的不同目的及组织安排而造成混乱。

表 4-3 共享服务中心与专家中心的区别

比较项目	共享服务中心	专家中心
关注点	员工事务	协助公司转型的人力资源项目
工作活动	再造以获取规模经济	集中专家为业务单元提供支持
成功表现	降低成本 使员工获得快速、高质量的服务	帮助企业以创新并准确的方法达成业务目标
角色	客户服务人员 政策专家	咨询顾问、催化师 技术顾问 纠纷调解专家 筛选供应商 教练
接触对象	所有员工	主要是各业务单元的专业人员
接触渠道	800 免费电话 语音识别系统 问询处 客户服务代表 信息技术 面对面接触	项目团队 咨询顾问服务

4. 集成解决方案

提供人力资源服务的第四种方式是集成解决方案。集成解决方案是集合所有的 HR 专家人员为客户解决问题。集成解决方案和专家中心有几点不同。

第一，集成解决方案是由来自多个专家中心的专家组成的团队，为业务单元解决问题；专家中心的 HR 专家则是为个别业务单元提供服务。当 Sun 公司在欧洲设立业务单元时，该公司的设备部门、信息技术部门、HR 专家中心共同组成一支团队，商议如何建立最佳的基础运营体系以支持欧洲的运营。也就是说，这个集成专家团队并非单独与 Sun 公司欧洲的业务单元负责人接触，而是共同组成一支团队开展服务。

第二，跨多个 HR 部门或跨多个专家中心的集成解决方式，为共同存在的企业问题提供内部咨询服务。例如，大通曼哈顿银行成立并购项目团队，负责诊断和整合被并购公司。这支项目团队成员包括 HR 人员、财务、设备、法律和信息技术领域的专家。当大通曼哈顿银行准备并购其他金融机构时，这些专家就会聚集在一起，互相协作达成并购目标。完成并购后，他们便各自回到所属的专家中心。这种集成解决团队能为公司创造极大价值，使公司能将某个组织的能力快速转移到另一个组织中，同时也简化了不同专家中心之间的协调工作。

（三）制定人力资源价值创造的流程

价值创造的中心逻辑是水平的而不是垂直的，是基于流程而不是基于职能的，是团队合作而不是单兵作战。所谓"水平的"，是指长期以来关于集权与分权的争议本身是无解的，重要的不是层级权力，而是组织资源应该用于为客户创造价值。流程比职能重要，意指流程处理的关键点是怎样为客户创造价值，而不能过于关注职能部门或高层管理者。一个共享服务的组织离不开人力资源部门的密切协作，要求组织成员有强烈的合作意识。共享服务中心及专家中心的人员应具备构建动态团队的能力，以较高的灵活性适应客户需求。

可以利用 4 个步骤描述共享服务组织的水平团队合作流程，这些步骤不仅显示出客户的重要性，更强调资源必须从共享服务组织流向客户。

步骤一：了解客户需求。

一个共享服务组织应该从客户需求着手。此处的"客户"，是指价值链上的下一个人或岗位。那些最终付钱购买公司产品与服务的外部客户的需求固然关键，但是 HR 共享服务组织的直接客户——企业员工和业务单元直线经理也非常重要。客户的需求代表了客户对人力资源服务的期望，客户的需求又源自企业对客户的承诺。那么企业内的人力资源对业务的承诺又是什么呢？

HR 人员和直线经理可以组成合作伙伴来共同解答这个问题。针对人力资源服务承诺的讨论过程即代表了人力资源服务和客户之间的关系。讨论的结果即可定义 HR 工作如何为企业创造价值。本书第二章曾经描述了 HR 工作的 4 类成果：战略执行、人力资源效率、员工贡献、变革转型。这些成果就是 HR 人员对组织承诺的保证，对每种成果都可以设立目标，作为价值创造的第一步。

步骤二：成为客户接口。

基于战略合作伙伴的角色，人力资源管理人员要将自己打造成为业务通才。人力资源管理人员要保证各项工作符合业务目标，促进相关实施方案与业务目标的融合发展，同时要具备一定的组织诊断能力，科学确立组织优先任务。应注意的是，人力资源管理人员要向业务单元的管理层汇报，为其提供服务。

对于业务领域中的人力资源服务活动，HR 人员同样承担类似客户经理的角色。他们是提供卓越人力资源服务的主要责任人，负责将 HR 行动转化为业务成果。在组织中承担 HR 工作的员工，同时也是共享服务组织和业务单元之间的沟通桥梁。

步骤三：建立服务流程。

HR 人员不仅要诊断企业的需求，也要建立一个能满足这些需求的服务机制。HR 人员努力让资源的配置符合企业战略，但是在共享人力资源服务的组织结构下，身为战略合作伙伴的 HR 人员则会运用多种方法，建立必要的流程，从而提供人力资源服务。人力资源服务的提供方式至少必须包括以下 5 种。

（1）服务于业务的 HR 人员。在传统组织中，大部分 HR 工作都是由服务于业务单元的 HR 人员负责的。即使在共享人力资源服务的组织中，规模大且结构复杂的企业可能仍然采取专用资源（如人员招聘与配置、薪酬、员工培训）的方式，但一般而言，采用这种服务渠道的情形正逐渐减少。

（2）担任共享服务角色的 HR 人员。共享服务中心及专家中心的 HR 人员可以根据业务单元的要求，提供业务单元所需要的人力资源服务。在这种情况下，HR 战略合作伙伴必须先界定业务单元的需求，然后派遣一支团队负责完成业务单元要求的任务。

（3）直线经理。HR 战略合作伙伴运用许多方法培训直线经理并让他们参与 HR 工作。例如，在百特医疗公司，直线经理负责薪酬分配工作；在联合信号公司，直线经理承担许多质量培训工作；西尔斯的直线经理负责领导组织变革工作。

（4）信息技术。现在有许多公司在人力资源信息技术方面投入大笔经费。软件信息系统既可以提供简单而灵活的服务（如福利），又能提供复杂的服务（如继任计划）。例如，在惠普公司，信息技术已经是 HR 人员和直线经理成功的关键因素。

（5）服务外包。提供人力资源服务的第五个方式是将 HR 工作外包给外部供应商和咨询公司。例如，IBM 就将许多 HR 工作外包。许多咨询公司为企业提供长期的转型服务项目，企业将组织变革工作外包给这些咨询公司。在大型企业，外包其实是通过内部承包来进行的。例如，AT&T 设立了一个由 AT&T 的全职员工所组成的专家团队，这个专家团队根据 AT&T 各业务单元的需求而被调动。

上述每种人力资源服务方式都为满足业务单元的人力资源需求提供了合适的渠道与方法。在许多公司，HR 人员有责任来选择最能满足人力资源服务需求的方法。

步骤四：实施共享服务。

前面介绍的共享服务中心和专家中心构成了共享人力资源服务组织的第四个步骤。整合这些共享资源是为了实现规模经济效应，也是为了更好地为业务单元服务。

表 4-4 的共享服务中心流程首先由熟知整体业务运营的 HR 人员确认客户需求，然后找出满足这些需求的最佳服务渠道。通常情况下，必须同时运用共享服务中心和专家中心才能有效地满足业务单元对人力资源服务的需求。

表 4-4 共享服务中心的逻辑流程

了解客户需求	成为客户接口	建立服务流程	实施共享服务
直线经理 人力资源成果或保证 能为业务单元做什么	战略合作伙伴（熟知业务单元的HR工作者） 客户经理 HR部门如何与业务单元交流沟通	HR人员 直线经理 服务外包 信息技术 HR部门如何完成工作	共享服务中心 专家中心 政策与行政 技术专家 HR部门如何建立共享服务以创造杠杆效益

案例分析：

强生公司的业务遍及150多个国家，是全球规模最大、产品范围最广的医疗健康产品制造商。强生公司把118个运营项目分成三大产品系列：制药及医疗产品、专用与日用药品、个人保健产品。这些业务单元有各自的经营理念和发展历史，也有其独特的客户、产品和文化。强生公司的高层管理者从这些业务单元的财务报表中发现，许多销售成本、一般成本和行政管理成本都来源于官僚式控制、重复的工作及低效的人力资源流程。因此，强生公司下决心要降低成本，同时通过减少官僚化，提升人力资源流程的效率、效果、质量和服务水平。

为了实施人力资源流程再造，强生公司的高级管理者和艾姆赫斯特咨询公司共同提出了"专家中心"这一概念。专家中心主要负责整合各业务单元中的HR专家、技术与资源，并为各业务单元服务。强生公司的专家中心包括：薪酬福利中心；劳动力多元化中心；生活共享服务中心，包括医疗、安全、舒适、员工支持计划、风险控制服务；员工关系中心、组织效能中心。

强生公司高层管理者对HR人员的工作时间重新做了分配，如表4-5所示，强生公司的HR人员过去依据自身的工作内容来分配工作时间。在新制度下，HR人员将更多的时间分配在共享服务中心及外包活动上。在强生公司，人力资源流程再造是否成功是由效率（降低成本、提高生产力）和服务（加强客户对人力资源服务的理解）这两项指标来评价的。

表 4-5　强生公司 HR 工作时间分配比例的变化

	现场服务	共享服务中心	专家中心	外包服务
过去：集权式 HR 组织	20%	—	70%	10%
过去：分权式 HR 组织	80%	—	10%	10%
现在的状态	40%	30%	10%	20%
未来发展方向	20%	40%	10%	30%

第三节　员工支持者

HR 人员扮演员工支持者角色时需要面对众多复杂的挑战。他们在面对裁员、全球竞争加剧、客户需求提高、管理层级减少、员工授权增加，以及其他现代管理实践所带来的压力时，员工的工作生活已经发生了改变，而且并不全都是向好的方向转变。

一、提高员工贡献的挑战

在激烈竞争环境下，对员工的要求显著提高，员工总是被要求用更少的资源做更多的工作。当公司不再提供职业生涯发展甚至工作保障时，员工就开始重新考虑他们对公司的贡献与承诺。如果公司取消使用基于工作保障和职位升迁的旧聘用合同，以虚幻的信任和期望取而代之，员工也会以牙还牙。他们会把自己与公司视为交易关系：他们会贡献时间，但不会尽最大的努力。员工开始满足于基本的工作能力，不再试图超越，也不再全身心投入公司业务中。

这些效应可能发生在不同层级中。某家公司刚经历了裁员的痛苦。该公司的一位高管担心员工在未来只会"动手动脚"，而不会"动脑"。他担心由于重组的问题，会有更多的员工只愿投入时间，而不愿投入心力。另一位高管则因为一位为公司服务了 35 年的老员工在退休离职面谈时对他说的一番话而感到难过。这位员工说："在过去 15 年里，你利用了我的时间和体力，却没有得到我的头脑。"他说，他其实有几百个能够改进业务运营的想法，但是既没有人问他，也没有人在意他的想法和意见，他只好把它们留在自己脑海中。以美国著名学者戴维·尤里奇的经历为例，最近在一次培训会中他问现场与会者，有多少人知道 5 种及以上的可以改进所在公司运营状况的方法，所有人都举起了手。可是，所有人也都认为他们的想法或是没有机会表达，或是提出来后没有人落实，所以他们现在只是简单地"动手动脚"，但不"动脑"。

员工贡献是影响企业发展的一个至关重要的因素。企业往往希望用最少的员工获得更多产出，而实现这一点的唯一方法就是不仅要让员工贡献体力，还要让他们贡献头脑甚至灵魂。当员工感到能自由分享想法，感到公司的大人物把员工利益放在心上，感到自己和公司之间的聘用关系健康而且有价值时，员工的贡献度就会提升。

要建立良好的公司员工关系，作为业务伙伴的 HR 人员扮演了关键角色。如果没有人倾听员工心声，没有人关注员工利益，许多在公司之外另有机会的员工就会选择跳槽。如果没有人关心员工的日常需求，员工对公司的贡献就会降低；如果没有人倾听员工声音，他们可能会就此沉默，而让企业付出代价。

当 HR 人员维持了高水平的员工贡献度时，他们就成了业务伙伴。在过去，这意味着 HR 人员要处理员工的社交需求：野餐、派对、联合募捐活动等。而现在，这些活动的重要性已经降低，但员工的需求并未减少，成功的 HR 人员要确保员工的承诺水平，就必须认真找到替代活动。

员工的贡献和承诺并不只是 HR 人员的责任，正如惠普的 HR 副总裁所说："直线经理对自己部门的员工是负有责任的，HR 人员应该帮助他们承担起这个责任。"也就是说，直线经理在许多确保员工承诺的行动中负有首要责任。许多直线经理宁愿选择"老办法"：让 HR 部门承担起所有与人相关的事务，他们自己则只管业务。因此，HR 人员必须努力通过研讨会、沟通、员工调查等方法，引导、培训直线经理肩负起激励员工士气的责任。例如，惠普对于直线经理的绩效评估就考察了员工敬业度调查的得分趋势，以及直线经理行动计划执行质量的趋势。调查评分和行动计划也是业务评估的重要内容。许多公司的 HR 人员把业务伙伴错误地定义为只需要参与战略事务，而忽视了提高员工贡献的必要性。

二、青少年抑郁问题分析

要成为成功的员工支持者，需要一个概念框架，用来界定 HR 人员在员工贡献方面可以做出哪些改进。笔者发现，来自组织领域之外的一些理论与研究，如对青少年抑郁问题的研究，为澄清员工支持者这一组织角色提供了最佳的框架。

笔者的一位朋友是认知心理学家，其专业方向是将认知理论应用到家庭动力问题上，特别是青少年的抑郁问题上。通过朋友，笔者了解到近些年青少年的抑郁问题已越来越普遍。如今，37%的青少年至少有轻微的抑郁情况，自杀在青少年死亡率排名中仅次于意外死亡。实际上，抑郁和自杀问题在各类群体中同样普遍存在。对于青少年抑郁问题的成因，最近的理论解释一般聚焦于对青少年提出的要求和提供的资源之间的不均衡。

儿童在跨入青少年阶段时，会面对许多非常真实的要求。在社交方面，他们要学着融入家庭以外的群体中；在生理方面，他们要学着应对荷尔蒙和其他性成熟带来的变化；在认知方面，他们必须面对学业与职业生涯期望的问题。这些要求具有一些共通的特征：第一，它们是无法规避的，它们会无视社会阶层而影响每个青少年；第二，它们都是真实存在的，不能被否认或忽视；第三，这些要求都是认知上的，青少年会认识到这些要求与他们自己及其他人对自己未来的期望有关。

人们将这些要求视为导致抑郁的原因，其实不然。青少年抑郁并不是因为这些高要求本身的难度，而是因为与难度本身相比，青少年拥有的资源太少了（图4-5）。资源指那些能为个人提供能量，帮助他们应对外界对自己的要求的活

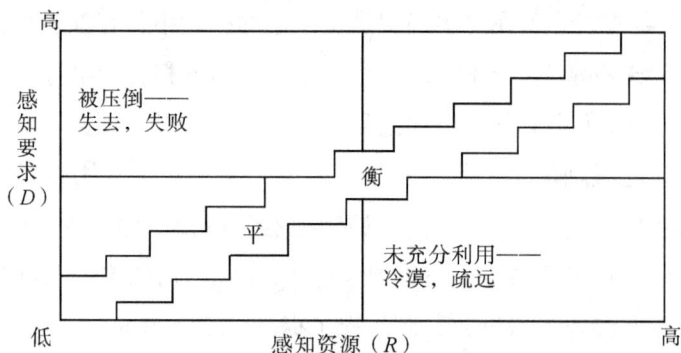

图4-5 青少年的感知要求和感知资源

动。简言之，当青少年感到自己"无法应对这么多要求"时，处理能力的不足与这些要求本身共同导致抑郁。许多资源能够提高处理高要求的能力，包括在同龄人、成年人和家人中都有朋友般的支持。

当 $D>R$，或 $R>D$ 时，就会出现抑郁。

图 4-5 展示了一个简单的有助于解释青少年抑郁问题的"要求/资源"框架。

三、员工抑郁问题分析

用来理解青少年抑郁问题的要求/资源框架，也可用来框定在处理员工贡献时的 HR 角色。员工面对的要求越来越高：更全球化，更快响应客户，更灵活，更多学习导向，更多团队驱动，更高生产力。公司必须认识到这些要求是真实存在而且无法规避的。为了更具竞争力，公司必然会对员工提出更多的要求，这些要求造成的影响不容忽视。

随着要求越来越高，员工的抑郁问题就可能出现。某些表现是员工出现抑郁问题的征兆，下面提及的员工抑郁状况评估指标中描述了其中部分表现。出现这些表现的根本原因可能是：员工觉得公司对他们的要求超出了给他们的资源，他们觉得自己接受的现有资源不足以支撑完成工作。与青少年的抑郁问题一样，员工的抑郁并不是来自高要求（因为公司的竞争需要必然导致高要求），而是来自他们缺乏足以应对这些要求的资源。

员工抑郁状况评估指标具体表现如下。

（1）员工觉得他们的工作不被认可或不被欣赏。

（2）员工觉得他们的工作和生活不均衡，太多精力用于工作上，对个人和家庭投入精力不足。

（3）员工感叹、缅怀过去的工作，觉得那时很好。

（4）员工觉得无论他们怎么努力，都不能满足公司的要求。

（5）员工感到无法控制工作的数量和质量。

（6）高潜力和有价值的员工不只对猎头行为做回应，而且会主动离职。

（7）员工与压力相关的医疗保健费用增长得比其他方面快。

（8）员工觉得上级不了解或不关心他们面临的实际情况。

（9）员工不愿意或羞于在工作场合谈论个人事务（如爱好、家庭等）。

（10）员工脾气急躁，常为琐事争吵。

（11）员工士气低下。

（12）员工花更多时间思考如何保障他们的职业发展，而不是如何服务客户。

（13）员工有逆反心理，消极遵从规则，被动执行任务。

（14）员工更多地在非正式场合谈论其不满和疑虑，而不在正式场合谈论。

（15）员工在工作中感到无趣，总是抱怨工作难度大。

（16）员工觉得难以承诺完成工作。

（17）员工感到职业发展前景不佳，或难以掌控自身的职业上升空间。

（18）员工感到对按要求完成任务有些力不从心。

（19）员工抱怨公司的新制度和计划让其工作更困难。

（20）员工看不到更努力工作能得到什么。

（21）每天工作结束后，员工明白自己可以做得更好，但缺乏高质量完成工作的决心。

在评估时，1分代表程度低，5分代表程度高。通过对每个指标进行评分，然后得出总分，由此判断员工的抑郁程度。

HR人员应该在和员工的日常接触、离职面谈、员工调查及员工关系活动中，及早发现员工抑郁的征兆。作为员工支持者，HR人员也应该努力解决这种资源、要求不均衡的问题。但这并不像看起来那么简单，因为尽管要求与资源取得某种程度上的均衡是必要的，但取得完全的均衡反而是错误的。员工事业心应大于被提供的资源。处于低要求、少资源状态下的员工将接受现状，对自我提升并无要求。当要求和资源达到适度均衡时，员工就能对公司做出贡献。为确保员工贡献，HR人员应成为推动资源与要求均衡的观察者、发起者和倡导者，为他们自己，也为他们所服务的直线经理和员工。

案例分析：

波音公司就是一个以团队协作来满足超常要求的例子。波音777客机的结构作为波音在20世纪的机型基础，是在罕见的高难度要求下创造出来的。它必须比过去的机型用更少的时间完成，以更低的成本生产，比现有任何机型更省油，它的性能还要满足更高的客户期待，还必须使驾驶员满意。这些要求并没有明确的答案，甚至在许多情况下没有答案。然而，超过200支团队参与了波音777客机的整体设计、工程设计、制造和组装。他们不但重新定义了波音客机，也重新定义了飞机结构的产出流程。

第四节　变革推动者

一、企业变革面临的挑战

关于变革成效的研究显示，变革成果通常难以达到预期效果。从下列问题的回答中就可以看出变革成功的难度有多大：一是在减肥行动中有多少比例的人能够达到目标体重？二是能维持理想体重的占多少比例？三是等到发现健康问题后顺利戒烟且坚持到底的占多少比例？四是有多少比例的再造工程（或质量工程）可以被评为成功？

这些问题的答案通常都低于人们的预期。在减肥行动中，只有5%的人达到目标体重，这其中又只有1/10（即0.5%）的人能够持续维持目标体重。只有17%的人能够成功戒烟，且永不复吸。这其中有43%的人是在出现严重身体问题后成功戒烟，且永不复吸。很显然，个人的变革很难成功，大多数人的新年计划最终还是被旧习惯毁掉，习惯是很难改变的。如果个人的变革都很难成功，也就不难想象组织变革的成功概率了。在所有再造工程中，只有25%可以被认为成功。

理解变革为何失败是跨越失败的第一步。导致变革失败的因素主要有：一是没有与战略关联；二是把变革看作是赶时髦；三是缺乏长远眼光；四是组织政治阻碍变革；五是大期待与小成功；六是变革设计过于刻板；七是缺乏变革领导力；八是缺乏可测量的有形成果；九是对未知有恐惧心理；十是并未调动起持续变革的承诺。

尽管许多人和组织都认识到变革的必要性，却很少有人和组织能够持续成功地进行变革行动。许多人和组织想变革，但缺乏能实现变革的人。作为变革推动者的 HR 人员必须认识到成功变革有哪些挑战，并制订计划迎接挑战，才能把变革的愿望转化为变革的能力。

HR 人员也是一股不容忽视的变革力量。在行动变革与流程变革中，HR 人员可构建一个变革模型，保证其适用于各种变革行动，并能应用到任何业务流程中，以加快变革速度，优化变革成效。在企业文化变革行动中，HR人员可尝试构建能引领新文化的基本架构，打造有益于企业发展的优质文化环境。

二、强化行动与流程变革，打造变革能力

从成果和时间投入来看，只有25%的变革行动（如组织重整、质量改进、客户服务改进工程）被认定为成功。作为变革推动者的HR人员如果想帮助业务尽快实现新目标，应考虑采取以下步骤：一是确定打造变革能力的关键成功要素；二是评估这些关键成功要素目前的管理情况；三是为每个成功要素确定改进方法；四是持续性地回顾7个关键要素。

（一）确定打造变革能力的关键成功要素

已经有许多研究界定出了成功变革的关键要素，这些要素可以根据变革对象分为个人变革（如改变个人习惯）、团队变革、组织变革和社会变革。通用电气公司的克罗顿维尔发展中心在1992年组成一个团队，负责检验有关变革的研究与理论，将研究内容归纳为变革成功的关键要素。这个团队研究了大量有关变革的书籍和文章，确定出变革的7个关键成功要素：一是领导变革；二是建立共同需求；三是塑造愿景；四是动员承诺；五是改变体系和结构；六是监控进展；七是延续变革。变革的7个关键成功要素非常明显且有用。实际上，很多管理者能通过10分钟的思考提炼出这些要素中的绝大部分。

在全面了解变革的基础上，要迅速指认出哪些是变革成功的关键因素，深入思考为什么进行变革的效果如此差？作为变革推动者的HR人员必须解开这样的变革悖论：他们必须将变革的知识变成带来变革的方法，将关键成功要素转化为实现变革所需的行动计划。

成功变革的第一步是建立清楚定义的变革模型。变革模型能明确关键成功要素，以及将模型转化为行动时必须回答的问题。为科学把握公司变革成功的影响因素，应明确以下问题。

（1）领导变革——由谁负责。领导是否做到：发起并推动变革；有促使变革成功的决心和勇气；拥有维持变革的资源；在变革过程中付出大量努力。

（2）建立共同需求——为何这样做。员工是否已经清晰地认识到变革的原因；

是否了解变革的重要性；是否明白变革能为自身及其业务开展提供哪些帮助。

（3）塑造愿景——要做成什么样。员工是否根据行为来判断变革成果（作为变革的成果，他们的行为有哪些变化）；是否对成功变革充满期待；是否知道变革能为相关主体带来哪些益处。

（4）动员承诺——谁还应该加入变革。变革的发起者是否了解哪些力量应为变革提供支持；是否有能力构建一个推进变革顺利实施的联盟；能否获取组织中重要力量的支持；能否明确各个参与者的职责。

（5）改变体系和结构——如何制度化。变革发起者是否具备将变革与 HR 其他制度，如员工培训、绩效考核、激励制度等结合起来的能力；是否认识到变革对制度的影响。

（6）监控进展——如何评价。变革倡导者是否拥有评估变革成果的能力；变革过程中是否有科学的进展衡量指标。

（7）延续变革——如何开始并延续。变革倡导者能否顺利跨出变革的第一步；是否有维持变革的计划与方案；是否能制定出涵盖广泛、适应性强的计划。

（二）评估关键成功要素目前的管理情况

为化解变革悖论，必须把 7 个关键成功要素从学术观点变成管理工具。人力系统开发公司总经理戴尔·雷克对于这 7 个成功要素的概念和运用有其独到的见解。雷克是一位飞行员。在飞行训练中他知道在起飞前严格完成所有检查的重要性，在飞行数百小时后，他已经对起飞前的检查项目非常了解。但是他知道，每次起飞前检查每个项目仍然能够提高飞行成功的概率。

变革成功要素可以比作"飞行员检查清单"，把 7 个要素视为"起飞前检查项目"，每次变革行动时都必须管理这些成功要素。通过检查每个要素，就能显著提高变革成功的概率。就像飞行员逐项检查清单上的项目一样，系统性地运用 7 个成功要素就可以描绘出一个组织的变革能力现状。表 4-6 列举了在描绘现状时要回答的相关问题。落实变革的责任人必须像飞行员起飞前检查一样专注于这些问题，才能确保组织拥有使变革落地所需的必要资源。

表 4-6　评估变革能力的相关问题

变革成功 7 要素	关键问题
领导变革	变革行动是否有一位明确的倡导者或其他支持变革的领导者？到了什么程度？
建立共同需求	对变革成功起关键作用的人员是否感觉到对变革的需要超过对变革的抗拒？到了什么程度？
塑造愿景	是否知道变革的期望成果？到了什么程度？
动员承诺	变革的主要利益相关者是否愿意为变革成果做出承诺？到了什么程度？
改变体系和结构	是否约定好为配合变革而做相关体系和结构的调整？到了什么程度？
监控进展	是否设立指标以追踪变革进展？到了什么程度？
延续变革	是否有行动计划推动变革持续落地？到了什么程度？

　　身为变革推动者，HR 人员并不直接执行变革，但是他们必须能促成变革。通过确认和评估这些成功要素，引导团队提升变革能力。例如，一个组织的管理团队已经声明将"重视多元化"作为其下一年的优先级事务，结果他们发现，在业务压力下，其多元化方案并未被执行，近乎一纸空文。于是这个企业的 HR 人员要求管理团队成员花 2 小时，以 7 个要素评估其多元化行动。综合所有团队成员的认识，与团队分享，将会引发一个有价值的讨论，最终推动变革往前推进。该管理团队的变革能力如图 4-6 所示。

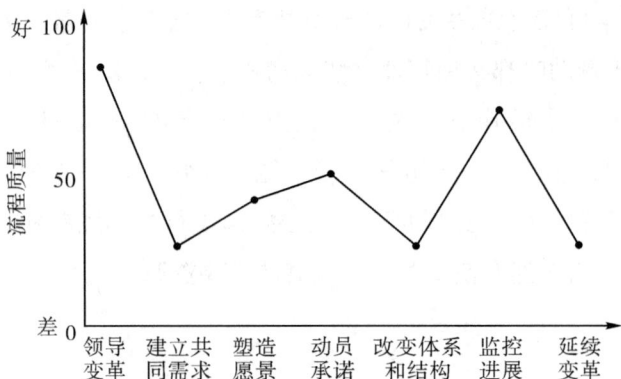

图 4-6　多元化行动关键成功要素评估

该管理团队的讨论及其评估显示，如果不付出努力，多元化行动将不可能成功。总体得分如此之低，难怪多元化行动没有进展。这个评估也告诉他们注意力应该转向哪里。负责变革的团队在领导变革及监控进展方面得分很高，这个团队知道是谁倡导及负责多元化行动的，也清楚利用哪些指标来追踪行动进展。然而在其他 5 个要素上，团队成员意识到在这几方面的得分远低于所需的最低水准。这项评估工具直观地呈现了需要做的工作和需要回答的问题。

（1）确立多元化的共同需求。为什么追求多元化？多元化能为企业和客户带来什么好处？

（2）塑造多元化的愿景。多元化应该是什么样的？公司多元化的理想形态是什么？

（3）动员多元化行动。哪些人需要提供支持并参与进来，使多元化行动可以落到实地？

（4）改变体系和结构以支持多元化。该如何通过管理工作（如人员配置、招聘、培训、绩效评估、沟通）让多元化行为制度化？

（5）延续多元化变革。该如何打造行动计划以建立和维持多元化？

一位 HR 专家花 2 小时与管理团队讨论，就能评估出该团队在变革行动上的境况如何，能找到应该加强的工作，并提供推动变革的建议方案。针对这 7 个要素进行评估和讨论，就能显著提高任何变革行动的执行力。在评估过程中最重要的不是得分，而是得出分数的讨论过程。HR 人员应该提出问题，提出基本假设，例如，你为什么对这项要素这样评分？你的证据是什么？你的观点来自何处？

（三）针对每个成功要素确定改进方法

在准确把握变革要素的基础上，人力资源管理人员可以帮助管理团队找出改进那些分值较低的成功要素的方法。应注意的是，针对各要素进行的"讨论"要比得出"正确答案"来得重要。在具体实施中，可重点考虑以下 4 个关键的成功因素，并制定相应的计划。

（1）确立多元化的共同需求。怎样寻求业务依据？重点收集哪些信息？利用哪些资料同员工进行沟通？

（2）塑造多元化的愿景。多元化行动意在获取哪些成效？什么情况下才意味着变革行动真正成功？

（3）动员多元化行动。哪些主体应参与变革？怎样使关键主体做出承诺并承担起相应的责任？如何构建支持网络以保障多元化行动的顺利推进？

（4）改变体系和结构以支持多元化。怎样在人员招聘、培训活动及绩效考核中体现多元化特色？如何确立多元化行动的沟通方案？

人力资源管理人员可协助高层管理团队分析上述问题，并共同制定科学的行动方案，以推进变革成功。作为变革推动者，人力资源管理人员常犯的一个错误是认为他们必须发动和控制所有行动才能让变革实现。实际上，他们的主要工作是指导那些负责变革的人选择明智的行动。为推动变革成功，可设立"检查清单"，列出需要解决的各种问题，评估并审视变革现状，协助业务单元克服变革的悖论。这种评估法能够将已知的变革成功要素转化为促成变革成功的实际行动。

（四）持续性地回顾变革成功的关键要素

任何变革行动都不能只在某一阶段针对这 7 个要素进行评估。例如，西尔斯公司从文化转型入手，运用这 7 个要素剖析自己，找出需要进行的工作。当转型工作有所进展后，西尔斯公司发现每个要素必须进行的工作也随之变化，如表 4-7 所示。刚开始时，主要的领导力议题是识别变革的发起者和倡导者；一段时间后，领导力依然重要，但让每个人肩负转型的领导责任比拥有一位领导者更重要。同样，在建立共同需求及塑造愿景方面，一段时间后的挑战变成设法让所有销售员参与到转型中。作为变革推动者，HR 人员应当定期回顾这 7 个要素，推动变革持续进展。

表 4-7　西尔斯公司的变革

变革成功 7 要素	阶段一：转变	阶段二：转型
领导变革	有一位发起者和倡导者	人人都是领导者
建立共同需求	建立尝试新事物的需求	使每个人感到变革的需要
塑造愿景	描绘未来	将愿景呈现在每个人眼前
动员承诺	让关键人物参与	获得每个人的承诺，以减少抗拒
改变体系和结构	改变管理系统	重新思考所有管理工作
监控进展	有恰当的监控手段	建立可接触每个人的监控手段
延续变革	拟定行动计划	在行动中学习

HR 人员要成长为变革推动者，就必须具备一定的变革能力。当组织拟定计划时，就启动了变革行动。作为变革推动者的 HR 人员应该严格而系统地将变革流程应用到业务行动和流程中，使变革行动更快、更成功地实施。

三、明确变革推动者的四重角色

HR 人员要成为变革推动者，设计和管理企业的变革能力与文化变革能力，就需要掌握以下 4 种角色。

（一）变革的催化剂、倡导者、发起人

Frontier 通信公司发现，为了在变动的电信市场中竞争，公司必须进行文化转型。为实现这次转型，公司董事长兼总经理及 CEO 罗纳尔多·比特纳确定公司的愿景是"成为全球领先的电信公司"，聚焦于产品与客户。他对愿景的具体描述是："如果没有同时拥有组织能力和勤勉的员工团队，任何愿景都不可能实现……我们对每个员工所需的技能和能力进行了全新而严格的评估。在缺乏所需专长时，我们将致力于从外部引进人才。"为了加速文化转型，比特纳聘用了一位人力资源高管珍妮特·赛森。赛森的任务是捍卫文化变革行动，确保文化变革成为管理层的讨论主题，建立与应用文化变革模型，维持高管对文化变革的高关注度。同样，在通用电气和西尔斯，HR 高级管理人员被要求扮演变革推动者、文化变革的倡导者，进而为企业创造价值。

（二）变革的引导师

除了倡导变革外，HR 人员还必须协助引导推动变革，这也是通用电气的 HR 人员在"群策群力"项目中扮演的主要角色。他们的引导工作分为 3 个阶段：外部支持、内部转型和所有权管理。

外部引导师的支持是通用电气公司"群策群力"项目的核心。外部团队领导者及团队成员（他们是外部聘请的学者和顾问）帮助创造了一个乐于接受"群策群力"项目的氛围。在公司 CEO 的支持下，他们在不同组织层级之间建立关系，并为每个业务单元建立"群策群力"目标。在"群策群力"项目初期，外部引导师是重要的催化剂。不过当此项目进入一个更为制度化的阶段时，对外部引导师的需要程度逐步降低，并被内部引导师代替。

HR 人员支持外部引导师，为他们提供技术支持，帮助他们熟悉公司的流程。

他们为外部引导师提供政治视角，帮助他们了解公司各业务单元之间的关系与权力分配。此外，HR人员也提供文化视角，帮助外部引导师了解公司的历史元素，找出公司现行文化中已做好变革准备的部分。

内部的转型引导师的工作是帮助员工承担审视、管理和执行新工作流程的责任。内部引导师识别并改进需要变革的工作流程，帮助任务小组缩短时间周期、改进工程行为、缩短工程设计时间和检查采购周期。他们以流程观察员的身份参与定期的团队会议，并作为流程技术专家服务于任务团队。

经过一个阶段后，当内部引导师取代外部引导师后，文化变革工作便渐渐移交给公司内部员工。HR人员在内部推动工作上扮演两个角色：第一，具备商业敏锐度、流程技巧并和管理团队合作愉快的HR人员，有时候会加入训练有素的内部引导师团队中，而内部引导师团队成员包括来自备部门（如财务、工程、营销、研发部门）的优秀员工。第二，HR人员参与内部引导师的培训发展。这项工作主要由HR人员负责协调与设计，然后由其他各地业务单元的HR人员负责执行。这两种情况下，HR人员都是设计与执行打造内部引导师队伍的培训项目专家。

最后阶段的引导工作将是属于管理层的引导。在这一阶段，公司的每一个管理者都变成他们自己的引导师。他们能够诊断问题、检查问题，在工作流程评估、简化及改进中展现能力，建立团队成员的承诺。当管理者本身成为引导师时，"群策群力"项目将被极大地发扬。这时候外部及内部引导师的支持都可以退出，管理者成为"群策群力"行动的主人，负责执行"群策群力"行动，而"群策群力"行动也变成业务自身持续例行的工作。

HR人员帮助管理层提高自我引导的能力。公司应注重发展中心或者业务单元内部培训管理者；帮助评估管理者提高引导变革方面的能力，挑选未来有引导能力的管理者，并提供改进建议和意见。

（三）变革的设计者

在西尔斯的案例中，HR人员重新设计HR体系，因此在公司级文化转型中扮演主要角色。人员配置、发展、考核、奖励、组织设计和沟通方法被重新设计，以使管理者了解和切实参与文化转型。设计新体系需要HR人员设计和实施创新的、令人期待的HR工作，推进文化变革曲线向前移动。

（四）变革的示范者

变革的示范者，是支持文化变革的 HR 人员最关键的角色。例如，当西尔斯进行大规模文化变革时，行政执行副总裁鲁奇努力使 HR 部门成为再造工程与变革的典范。他花了大量个人时间来确保 HR 高级管理人员投入 HR 部门的再造工程中。由于树立了良好典范，人力资源部被其他直线经理称赞为"井然有序的部门"。

HR 人员不能只是鼓吹文化变革，必须成为变革的一部分。他们需要亲自感受并切身体验文化变革。

案例分析：

西尔斯公司

经济社会迅猛发展，零售业发生了巨大变化。科技改变了库存管理方式，客户对时间、成本和质量的要求明显提高。

西尔斯在 20 世纪末进行了一项基础型或者说文化变革。当时，担任西尔斯商品部总经理的亚瑟·马丁内兹领导公司管理者开启了重大变革。公司关闭了很多不盈利的业务，如目录销售，同时产品组合也做了改变。一些品牌，如索尼、通用汽车、李维斯、耐克等开始出现在西尔斯中。经过努力，西尔斯公司创造了良好的销售环境，让客户服务成为核心主题。

值得强调的是，转变不等于转型。转变强调成果，而转型则强调心态；转变强调影响资产负债表的短期行动，转型则聚焦那些影响公司关于如何运作的长期行为；转变强调胜利的结果，转型则指出获胜的原因；转变可能是一次性的行动，转型却必须是持续的过程。为实现西尔斯公司转型发展，其分管 HR 的行政高级副总裁安东尼·鲁奇成立并亲自领导了一支由高级经理人组成的团队。这支团队共同设计了西尔斯的转型，将工作聚焦于建立一个 3C 愿景：客户乐于购物的商店、员工乐于工作的公司、股东乐于投资的企业。他们为实现愿景整合了各种行动：为成为客户乐于购物的商店，采用的策略包括不断货、客户服务训练、选择知名品牌商品、有竞争力的价格和更好的广告；为成为员工乐于工作的工作，采用的策略包括提供更好的沟通、教育、培训、员工建议制度，让所有销售人员参与决策；为成为股东乐于投资的企业，采用的策略包括降低库存、降低管理成本、搜寻战略资源、改善成本预算、重新装修商店。

这支团队中的高级经理对实现愿景十分投入。他们在自己的业务单元中通过组织员工大会与员工讨论该愿景，并共同找出应该被中止、启动和简化的工作。高级经理人团队将这次工作组提出的整体绩效指标整合为一体，用以衡量3C愿景的表现，并作为追踪公司绩效的标准。整体绩效指标分数可用来评价管理效能，并将和公司的长期激励挂钩。这支团队也打造了沟通机制和沟通活动，使所有员工对于转型主题保持新鲜感。

在西尔斯的转型过程中，员工和客户对公司的想法与感觉受到了高度关注。企业转型并不是一次事件或活动，而是员工对公司的强烈认同感和客户的良好印象。

第五章　人力资源管理的三重解析

第一节　人力规划解析

员工质量决定企业绩效。从这一维度上看，能够用正确的方法在恰当的时间发现、招聘和留住优秀人才，是企业成败的关键所在。

在如今相互关联的全球竞争环境下，人才市场竞争十分激烈，极具挑战性。这具体表现为：首先，公司争夺顶尖人才的竞争愈演愈烈；其次，公司正面临新的劳动力人口转型，各领域的人才短缺问题日益突出；最后，20世纪八九十年代出生的人预计在2020年会占据劳动力的50%以上，但是他们不一定具备能够胜任工作所需的知识、教育背景和技能。而且在科学、技术、工程和数学领域（STEM），技术短缺现象越来越严重，这也成为人才管理经理的一大难题。

为了在复苏的全球经济和富有挑战性的劳动力环境下取得成功，公司不能盲目地挥霍、浪费人才，必须对不同层次的员工都有全面了解，并且非常清楚公司需要什么样的人才来完成现阶段及未来的目标和任务。

一流的公司正使用高级方法分析员工和商业数据，从而提高公司的竞争力。而且为了预测员工需求，他们对员工的结构、能力和缺点有着既全面又正确的了解。但是要想获得充分的知识，还需要一个完整的人力规划做基础，同时还需要解决一些人才管理的问题。例如，公司在未来2~5年内需要多少员工？聘用这些员工需要多少成本？这些员工来自公司内部还是外部？属于全职员工还是兼职员工？来自哪个地区？每个员工的预期收入是多少？公司希望员工创造多少增额？

哪部分员工对于公司发展更加重要？需要采取何种手段来实现新的业务目标？

解决这些策略性人力规划商业问题将是本节讨论的内容。人力规划分析是人力资源管理最重要的支柱之一，因为它和公司的商业策略计划共同决定着公司的成败。为此，我们将深入了解一些公司，比如阿里巴巴、陶氏化学公司、黑山公司和蒙特利尔交通公司，分析他们是如何利用分析优化他们的人才要求来获得最大效益的。

一、人力规划的定义

人力规划的定义为：企业从商业目标和企业任务出发，预测企业目前及未来发展对人力资源的需求，以及为满足这种需求所进行的活动过程。人力规划通常需要先清楚地认识到公司任务和最紧迫的业务难题及优先事项，指导公司去解决最重要的任务难题。这是个合作的过程，需要公司所有的利益相关者，比如财务部、人力资源部、市场部和营销部，共同确保纳入和留住与公司业务相关的顶尖人才，并且确保每个部门的业务目标得到实现。为了推动公司未来的绩效，人才规划需要对人才供给与人才需求关系有一个全面的了解，这就需要运用人才分析的强大力量从复杂的人力数据库中提取有用的信息。

二、人力规划分析

从就业发展历程来看，经济周期一直是导致劳动力供求关系变动的最大因素。2008年全球经济危机期间，人才市场的大幅裁员随处可见。这种情况同样发生在1929年美国股灾和大萧条期间，大多数公司或停止招聘，或采用从员工休假到大规模裁员、重组人力和解聘员工等手段调整人事结构。财务部和人力资源部正好处于震中地带，因为财务部负责传达预算削减消息和解释裁员工作，人力资源部则主要负责执行裁员计划和解决这些大规模裁员带来的合法诉求，即解雇补偿费。

很多人都见证过财务部和人力资源部的对话。例如，财务部要求裁员30%时，人力资源部则追问，需要裁掉哪一层次的员工，何时实施；财务部则提出，第一层次的裁员50%，第二层次的裁员20%，第三层次的裁员20%，第四层次的裁员10%，立即开始。

通常情况下，财务部会上交一份裁员名单，人力资源部就要依照名单执行。

但是，根据公司具体情况，一些公司会聘请专业咨询公司来进行裁员活动。一般而言，这些外包咨询公司对受委托公司的日常运行情况只有一点了解或者几乎完全不了解，因而他们裁员的结果有时值得推敲。

完成裁员行动后，一些公司才意识到可以通过聘用已经终止合同的员工作为合同工来维持公司小规模运营和服务，当然这可能会有一些麻烦，并且的确有一些公司开始尝试在经济恢复时返聘这些下岗员工。然而许多公司发现，用返聘员工来填补技术空缺很难，因为他们会埋怨公司当初让他们离开。

与人力资源经理交谈时得知，他们对人力规划最重要的要求是需要用它建立顾客预测模型，来帮助公司预测将来需要的职员。这个顾客模型还要能够估算公司内部和外部的变化，如经济低迷和政策变化等。他们想知道在经济上升或下滑期，人力资源部是如何分别设定人才获取计划或者裁员计划，从而成为公司更强有力的战略参与者的。要达到这种预测水平，继续利用只衡量单组指标的传统人力规划是不够的。企业需要有效利用高级分析和大数据来打造和激励优秀员工，实现公司当前和未来的业务目标，并且可以根据内外部经济政策的变化而灵活调整目标。这意味着要持续发现、分析和回顾所有可用的数据和公司供求关系。

人力规划分析的定义为：向人力规划中加入高级分析来优化结果并保证人力资源规划成功实施的过程。它的核心是利用高级商业分析来解决人力规划问题和业务难题。它能帮助公司通过了解过去和当前表现来预测未来的员工需求。当运用分析时，应该从利用数据开始，不管是大数据还是小数据，内部资源抑或外部资源，只要能为公司创造经济价值并且能解决人力资源问题的数据，就应加以利用。

人力规划分析这一支柱同其他支柱紧密联系。例如，不科学的应聘者筛选会导致人事变动、生产力下降；缺乏持续性的战略计划会影响公司生产力和顶尖人才的留任；没有福利、健康和安全政策会降低员工工作热情、业绩和效率，并且提高运营成本。而且，通过分析目前的技术难题、未来的技术短缺和关键人才过剩等问题，人力规划分析能够为企业提供中短期解决方案。

三、实施人力规划分析的原因

如果管理者不清楚需要多少人力来提高公司业绩和赢得竞争，他就是在盲目管理，而且很有可能会带领公司走向失败。人力规划分析帮助预测公司为了实现业务目标在未来半年、1 年、3 年、5 年或者 10 年需要怎样的人才。它同样帮助公司识别未来招聘员工时需要关注员工的哪些技能及关注员工的哪些求职信息，比如员工之前的工作类型、职务级别、职位、教育背景、工作地点和身份等。

在技能空缺方面，人力规划分析针对人口变化造成的行业技术人才缺口提供了可行方案，帮助企业预测技术人才的短缺和过剩，让企业能够预测获取人才和留住员工的成本、人才要求、生产能力水平等。同时解决了以下问题：如何成功地管理在数字传媒时代下成长的员工，如何与他们共事？公司继任计划中需要怎样的人才？在众多不同的职位分工中，扮演什么角色的员工会成功？哪些员工能保障公司的人才投资获得最大回报？哪些职员其资历对实现业务目标很重要？如果 60%的员工将在未来 4 年内退休，需要怎样的人力资源？公司以前有什么员工要求？现在有什么员工要求？将来为了企业成功应有什么员工要求？

人力分析能带来财务效益。作为所有商业分析的主要目标，人力规划分析让企业从业务和人力资本数据中创造经济价值。这些经济价值包括如下具体效益：在人才获取和人才留任方面减少人力成本；通过在适宜的地点、时间，以恰当的成本来优化企业人才要求，从而对员工收入进行最佳分流；成功实施公司的业务战略和设计；优化员工学习和发展过程，优化公司薪酬和福利；预测变数并且提前做出计划来提高商业运营和业务决策能力；人才投资分配和人力资源规划与公司整体策略需保持一致；通过招入具有必要技能的员工及减少公司空缺职位和多余人力，让企业在职位供需方面保持最佳平衡；减少招聘费用和招聘时间，同时提高招聘质量。

四、人力规划分析中的重要因素

为了成功预测公司供需的人才缺口，企业需要对人才规划矩阵做一个全面评估，并且像激光一样聚焦于一些主要的因素，这些因素包括却不仅限于人才、数据、技术和工具，以及分析过程。

（一）人才

人才是建立和完成人力规划策略需要的资源。这些人才资源必须具备建立人力规划模型的技能，从而帮助公司将数据转变成有价值的分析见解。这些见解能够帮助解决重要的业务问题、优化人力需求分析和全面了解人力供需关系。

（二）数据

数据是分析的基础，是人力规划分析的支柱。具体而论，应关注所有可用数据并且建立数据模型，然后利用它来评估当前和未来人力需求以实现业务目标。下面是6类人力规划分析的重要数据。

（1）人才数据：包括人力资源的企业资源计划（ERP）数据、招聘资料、人事变动和人员留任数据、聘用数据、培训数据、绩效数据、员工喜好和态度、员工满意度、继任计划和退休数据。

（2）市场数据：指的是社会媒体数据、竞争情报（主要从管理人才方面来了解竞争的是什么）和应聘者意见（应聘者对公司的看法）。

（3）商业数据：包括公司重要绩效指标度量，如销量、收入、顾客量、每位员工带来的收入、平均订单量、滞留率、新的业务量、赢返流失顾客量和比率、工资数据、薪酬预算和福利数据及财务企业资源计划数据。

（4）经济和行业数据：指的是基准数据和宏观经济数据，如国内生产总值和居民消费价格指数。

（5）劳工统计数据：包括劳动力数据、就业数据、空缺职位、失业率、工资、辞职和退休数据、人口增长及预估数据。

（6）大学毕业生数据：按照毕业专业分类，主要关注难以填补的职位所需专业，如科学、技术、工程和数学领域。

（三）技术和工具

技术和工具在帮助企业获得、储存、管理、整合和分析数据进而判定人才空缺和员工剩余方面起到重要作用。同时，它在建立执行计划来平衡合理的供需关系上也十分重要。数据分析需要统计学或者数据分析技能，而主导人力规划项目的人力资源部门和公司领导通常缺乏这些技能。很多公司为员工提供人力规划工具，这很容易让员工在众说纷纭中失去方向。人力管理领导在分析时通常会问："我要从哪开始分析呢？"

人力规划中需要关注的技术和工具主要有以下几种：纯场景方案计划和预测模式；管理员工数据的企业资源计划；用于管理应聘者数据的应聘跟踪系统；学习管理系统；绩效管理系统；数据库分析；新角色，比如人力规划进程中的新人员；用于提高个体人力规划需求的系统发展内部解决方案。

（四）分析过程

根据建立人力规划模型的经验及从各行业管理者交流中获得的丰富知识，一个多层次、高效成功的人力规划分析过程应该包括资源规划预测模型和用于商业分析的影响周期分析。

五、人力规划分析的具体做法

基于同成功实施人力规划的知名企业 HR 人员对话，总结出以下几个最重要的做法：第一，先只关注一小部分目标员工，这些目标员工可以是处于重要职位或者担当重要角色的员工。第二，在与公司管理者谈论人力规划方案时，要将商业计划与成本效益数据相联系。第三，将人力规划与财务度量挂钩，保持人力资源策略与公司目标一致。第四，要了解公司高层管理者的想法，因为他们的支持对全公司是否能成功建立和实施计划至关重要。第五，在公司建立优秀的企业文化，并且持续监测和评估人力变动产生的影响。第六，先从关注目标员工，收集他们的资料开始。第七，将公司注意力放到重要角色和业务上，不要迷失在大量数据和相关分析中。第八，利用分析的结果建立职业道路规划和公司发展计划，来满足未来的人力需求，如内部职位转移培训。第九，广泛采纳公司各管理人员的意见并且与他们友好合作，探讨公司计划避免误入歧途。人力资源部应该是领导变革的重要参与者。第十，遵守各度量标准，将用于商业规划和人力规划的度量标准化。第十一，保持方案规划与实施在时间和资源上的平衡，确保有足够的资源来成功实施方案。第十二，在招聘人才时，从最容易招到员工的职位开始，不要停留在难以填补的职位上。第十三，在学习并制订计划时，与公司其他参与计划的人员一起验证每一个假设和发现。第十四，利用影响周期分析来了解公司过去、现在和未来的需求。

六、人力规划的几个关键点

第一，人力规划分析有助于公司明确能够完成公司目标和任务的具体员工。第二，为了取得良好成果，公司的人力规划分析应该与公司商业计划及公司策略结合，同时也要参考公司建设阶段各管理人员的意见。只有这样，才能成功保持人力规划周期与策略规划周期一致。第三，与公司高层和领导人交谈并且获得他们在人力规划方案上的认可至关重要，这能保证他们了解执行人力规划的重要性和价值。第四，策略性人力规划帮助公司减少在人力采集、人力发展和人员留任上的开销。第五，人力规划对公司取得长期成功至关重要，因为通过保持最佳员工平衡可以帮助公司规划工作交接、优化员工能力。第六，人力分析推动人才投资分配，并且使人力资源与公司实施的整体策略保持一致。第七，人力规划分析能让公司获得最佳的人才供应平衡，因为公司只聘用需要的技术人员，并且减少空余职位和多余人力。

第二节　人才搜寻解析

对企业而言，员工代表着企业最宝贵的资产，同时也决定着企业推动业绩和创新的能力。要在当今市场上获取成功，企业需要在恰当的时间通过正确的渠道找到合适的人才。

一、人才搜寻的界定

人才搜寻是人才招聘过程的第一阶段，也是人才生命周期管理中最重要的阶段之一。如今人才搜寻的定义为通过使用在线和离线招聘技术来识别和发现职位应聘者，无关乎应聘者是被动还是主动。这种做法可以通过各种招聘渠道实现，包括但并不限于员工引荐计划、社交媒体平台、人才社区、简历数据库、搜索引擎优化、代理/第三方招聘者、招聘网站、利基网站、企业网站、大学校友群、广告牌和报刊广告等。

对于大多数企业，人才招聘过程的初始步骤由内部 HR 人员或 HR 人员、中介机构或专门的人才服务机构来完成。这里涵盖的搜寻阶段从发现应聘者开始，至搜寻者获得所有关于潜在应聘者的信息时结束。

二、人才搜寻的发展历程

在了解人才搜寻的过程之前，要对其历史根源有一定认识。人才搜寻可追溯到罗马帝国时期。公元前 55 年，凯撒大帝利用一个引荐计划来扩充军队，要求现有士兵引荐他们的朋友来参军，以换取经济报偿。当时整个古埃及和希腊也在使用这种类型的引荐计划。不足为奇的是，人才搜寻自那时以来就一直在演变。

人才搜寻的第一个重大转变发生在 17 世纪拿破仑统治时期。当时法国和英国利用就业服务来招募新兵。第一家猎头公司于 1848 年创建。

人才搜寻的第二个重大转变发生在第一次世界大战和第二次世界大战期间。当时是为了补充战备所需人才进行的应聘者筛选。随后，美国就业服务于 1939 年创建，其主要目的是帮助失业人员在战争期间找到工作。就业机构开始为没有服兵役的工人做宣传，目的是想找到合适的人选来填补那些应征入伍人员留下的职位空缺。

人才搜寻的第三个重大转变发生在 20 世纪 90 年代。随着万维网的出现，各种在线招聘网站相继出现。以万维网为媒介通过电子邮件发送简历成为常态，甚至全世界的应聘者和员工都可以访问和使用简历数据库。简历实际上是在 1980 年诞生的，当时招聘技术还处于相当初始的阶段，而搜寻主要是通过口头、引荐和应聘者亲自递交申请进行。由于技术的改进，如打字机、WordPerfect 和后面推出的微软文字处理软件及格式简历的出现，使得人才搜寻开始变得更加标准化。

比尔·沃伦这样的企业家拥有更加标准化的运营模式，因此得以在 1992 年创立了在线职业中心，这是互联网史上第一个就业网站。这种做法很快就得到广泛认可。1994 年 4 月，杰夫·泰勒创建了 MonsterBoard，后来发展成为美国求职招聘网站 Monster Worldwide。Monster 是第一个互联网招聘网站，是世界上第一个公共简历数据库，也是第一家能够提供工作搜索功能、工作代理和职位通知服务的公司。1994 年 5 月，Career Mosaic 成立，后来被 Career Builder 收购。

人才搜寻的第四个重大转变发生在"千禧危机"期间。2000 年标志着互联网的革命，那时出现了在线个人品牌、网络日志、简历网站和简历视频等。这些不同资源的大量涌入改变了招聘和技术的形势，如应聘者关系管理（CRM）系统和应聘者跟踪系统（ATS）进入市场。

颇为有趣的是，我们现在仍然受到人才搜寻的第五个重大转变的影响。这个重大转变是由个人品牌的出现而直接引发的，并且它与搜索引擎优化和社交媒体网络相互关联，而这已经成为现实中的新标准。由于应聘者力图通过个性化的内容创作将自己与竞争对手区分开来，所以他们在互联网上发布了大量的信息。这就产生了对大数据和基于云计算的解决方案的需求，这些解决方案将应聘者在网络上与其他人互动的数字足迹进行整合。这扩展了招聘领域，从而将主动和被动的应聘者利用社交媒体平台、利基网站、用户、校友会、谷歌+、推特、领英和其他开源社区论坛，如 GitHub、Stack Overflow、Dribbble 和 Proformative 等一同涵盖进来。

当今时代，为成功获得人才，公司需要树立新思维，创新人才搜寻方式。Future Workplace 的创始合伙人珍妮·梅斯特曾经在《福布斯》杂志上发表过一篇文章——《2014：这一年社会人力资源发挥着重要作用》。其中，"大数据让新工作先找到你，而不是你先发现它"这一节谈到："对于人才来说，社交网络综合信息服务商、社交资料解决方案提供者，如巨兽公司的 TalentBin、Gild 等，都可以被用来更好地帮助招聘者挖掘人才库。"

三、公开招聘中的大数据分析

当在招聘布告栏上发布招聘职位时，最终目的是想让一个有才能的应聘者申请这份工作。一般来说，招聘布告栏将提供 3 组指标，即查看公司职位空缺情况的人数、申请职位的应聘者数量及职位空缺的转换率，换言之，就是查看职位空缺情况的人数与申请空缺职位的人数之间的比率。

当今大数据和高级分析方法不断创新，这使得企业可以在工作绩效分析表中应用这些高级分析方法和业绩基准，处理更多的数据并充分优化招聘方案。当前，已有研究者研发出一个公开招聘基准测试工具，称之为工作优化器。这个工作优化器为客户提供了如何使客户的公开招聘比与之类似的公开招聘吸引更多的应聘者，以及公司应该如何利用可用的预测分析提高公司衡量业绩的标准。

假如你正在为公司的市场部寻找商业分析员。一般来说，公司的招聘布告栏会提供该职位的相关信息，如职位查看次数、申请者数量和转化率等信息。但是，这些数字并不能真正地提供任何有用的反馈。高级分析可通过嵌入标准检查程序和预测分析数据来创造更多的价值。这不仅意味着高级分析可以提供具体职位招聘的有效数据，而且还会提供评估你的招聘广告与类似的招聘广告吸引应聘者的差异的相关基准。

与类似的职位相比，查看你的职位绩效排名情况，可以更加真实地体现公司公开招聘的表现，而且也能让你随时检查招聘状况，以便你评估招聘广告的招聘表现是高于基准、低于基准还是保持在平均范围。鉴于观察到的招聘情况，可以据此调整招聘策略和职位预期，并设计相应的供需活动。例如，假设你发布市场分析员的每个招聘广告都能吸引 300 次阅览，这意味着有 300 人查看了你的公开招聘广告，收到 27 次申请；而在同一网站上与你类似的市场分析员招聘广告却平均能收到 400 次查看及 60 次申请。两者相比较，你应该会很快意识到你的公开招聘情况低于基准。

面对这样的结果，你的本能反应就是问自己："为什么我的公开招聘广告表现低于基准？""我该如何提高招聘广告的招聘表现？"利用高级分析就可以找到答案。利用高级分析来分析招聘广告的标题、位置、招聘持续时间、工作类别、职业描述、发布的天数和企业品牌，可以帮你绘制一个就职架构图，这样你就可以了解和改正公开招聘存在的问题，并优化你的招聘广告。

高级分析可以帮助你了解哪些职位属性会受到目标应聘者的青睐。例如，在把你的招聘广告放在专业招聘网站上后，带有职业生涯规划辅助等属性的职位会吸引更多的应聘者申请该职位。因此，如果公司借助高级分析找到被动的应聘者，刺激更多的应聘者申请职位，然后借助你的招聘广告和工作品牌的宣传，最大限度地提升应聘者对招聘职位的关注度，就能够达到广告查看次数增加 40%、申请次数增加 25% 的效果。另外，在预测性分析的推动作用下，大数据可以预测你招聘广告的招聘效果，你也可以根据招聘广告的地点、所要招聘的职业、网上招聘持续时间、职称和工作级别利用分析来预测招聘广告的效果。而且你可以想象到，从工作绩效的期望值来看，将副总裁的职位与初级员工的职位进行比较并不合适，这也是为何拥有一个与之类似的因素并将其考虑在内十分重要。因为相对来说，很少有人会去申请副总裁职位，大多数应聘者都会去申请初级职位。高级分析可以帮助你预测应聘者职业层次、职称和工作时间，让你深入了解如何以最好的方式接触到你的目标应聘者，毕竟科学、技术、工程和数学领域的职位招聘是很难找到合适的应聘者来填补的。

高级分析可以帮助商业领袖更好地了解他们的目标求职人员。例如，当应聘者积极申请某职位时，你作为商业领袖应该清楚应聘者寻找新工作的动机，以及他们寻找工作所利用的渠道和资源。获取到这些重要信息后，你就可以找到行之有效的方法来优化你的搜寻策略技巧。

大数据分析可以帮助企业利用应聘者的档案和应聘者行为来优化他们的招聘成效。高级分析可以帮助我们了解应聘者简历及公司职务说明中经常使用的关键词，从而帮助公司招聘部门掌握应聘者简历中最常用的关键词及他们最常用的简介模板，同时也能让应聘者明白公司招聘部门在职务说明中最常用的术语和概念。在此基础上，可以构建一个预测模型，同时借助文本分析、机器学习和人工智能来预测应聘特定职位必备的简历模板及能够吸引应聘者的工作描述，从而使分析结果更加深入。分析的最终目标是预测岗位的供需关系。

一些招聘布告栏还提供所谓的每次点击付费（PPC）模型。PPC 是一种网页服务，在这上面张贴招聘广告不收取任何费用，但是商家会基于招聘广告的招聘效果收取一定的费用，如应聘者查看和申请职位的次数。基本上，其操作类似于谷歌的 PPC 模型。在 PPC 模型中，高级分析可以优化每次点击所产生的费用（在这种情况下为每次查看费用），并让你全面了解关于招聘广告的效果，并让你知道招聘启事中容易或难以填补空缺的职位的招聘情况。这样，HR 人员就可以根据职位的供需情况和招聘预算来调整自己的人才搜寻策略了。

四、简历搜索和简历分析

招聘布告栏提供的第二大服务是简历搜索。大多数招聘布告栏由于具有存储功能，数据库中储存了数百万份简历。如果付给布告栏一定的费用，他们便向客户（有人员招聘需求的公司）提供这些简历，HR 人员便能够搜索数据库中的简历。在这个大数据时代，高级分析可以实现强大的简历搜索功能。想象一下，HR 人员在一个数据库中需搜索 1 亿份简历来寻找应聘者，这样可能会太过夸张。相关研究显示，查看一份简历需要花费大约 90 秒，如果查阅 10 万份简历，则需要两年半时间。

庆幸的是，如今的大数据解决方案，如巨兽公司的 SeeMore 方案，可通过第六感科技提供的解决方案来进行语义搜索。而利用这样的语义搜索技术只需几分钟，便可在内部和外部简历数据库中进行快速的简历搜索。使用大数据简历搜索解决方案还可以解决大多数 HR 人员面临的带宽问题（所谓"带宽"，就是指各等级薪资的最高值与最低值之差，又可视作薪值的分布区间）。此外，通过使用如语义搜索功能的人工智能来优化包含数亿份简历的数据库的简历搜索，不仅可以提供基于匹配标准的排名搜索结果，而且还能提供关于招聘广告本身的商业信息。根据巨兽公司发起的一项研究表明，70%的 HR 人员通过使用语义搜索工具，如巨兽简历搜索和 SeeMore 技术方案，有效缩短了搜索简历所需的时间，显著提高了搜索效率。

语义搜索利用大数据、云技术和人工智能来掌握搜索的含义和背景。语义搜索通过了解搜索者的意图和搜索词的上下文含义来提高搜索的准确性，从而提供更加确切的搜索结果。语义搜索会考虑各种要素，包括搜索的上下文、概念、意图、词的变化和同义词，并且利用人工智能和机器学习来提供相关的搜索结果。例如，当语义搜索试图从简历数据库中搜索网页设计师的简历时，它将收集所有相关简历，并按照招聘公司网页设计师职位说明的相关概念、上下文和同义词，将搜索结果从最能满足招聘公司职位要求的简历到与招聘公司职位要求最不相关的简历进行依次排序。用于简历搜索的大数据解决方案可以帮助公司在搜索最佳应聘者简历时提高效率并降低搜索成本。

五、通过招聘布告栏进行人才搜寻

20 世纪 90 年代，互联网的出现彻底改变了人才搜寻的生态系统，将其由传统人才搜寻方法向在线招聘网站和招聘布告栏转变。这些招聘方法进而产生了大量可被分析的点击流数据，事实上，如今在线渠道的出现，产生并促成了大多数人才搜寻分析。

很多人并不了解人才搜寻或人才招聘背景，因此先来回顾一下招聘布告栏的发展。招聘布告栏是一个招聘网站，允许招聘公司对公开职位发布职位要求，为应聘者提供创建或上传简历的机会，是一个现代的、互动的分类广告。而且，招聘布告栏还允许应聘者搜寻所需工作并回复感兴趣的招聘广告。这些招聘布告栏主要帮助 HR 人员达到以下目的：一是发布招聘岗位（宣传工作机会）；二是搜索简历；三是为 HR 人员和应聘者提供员工引荐计划最佳实践方法；四是提供简历撰写和面试建议；五是提供人才管理和客户关系管理解决方案；六是提供职业建议和求职建议。

随着招聘布告栏上数据种类和数量的增长，如应聘者简历数据、企业在线公开招聘的岗位描述数据、应聘者简介数据、寻找工作和回复工作机会时应聘者的在线行为数据及企业需求和应聘者需求相匹配的数据等，均已成为人才搜寻分析的主要领域。

六、通过社交媒体进行人才搜寻

（一）社交媒体人才搜寻的概念

社交搜寻或社交招聘是一种在线招聘。在这个在线平台上，HR 人员、搜寻人员或人力资源经理通常使用社交平台作为人才数据库或宣传渠道寻找应聘者。这种人才搜寻方式包括利用社交网络从招聘公司的员工处获取引荐人才。现在，热门的社交媒体招聘网站包括推特、脸谱网、领英、Viadeo、巨兽公司的 Talent Bin、XING、谷歌及 Branch Out。

（二）运用社交媒体搜寻人才的原因

在当今全球互联的人才市场中，大多数应聘者都会使用社交媒体网站来寻找工作。事实上，皮尤研究中心的一项互联网项目调查显示，总体而言，有74%的成人在使用社交媒体网站，其中，18~29岁社交媒体网站的使用率为82%，30~49岁的使用率为89%。根据 Callbox-Au 最近编制的数据显示，推特上增长最快的用户是55~64岁的人群，而谷歌上增长最快的用户则是45~54岁的人群。

HR 人员普遍意识到，招聘形势正在发生转变。一项调查表明，未来企业的在线声誉与他们所提供的职位同等重要。鉴于此，对公司而言至关重要的是必须对搜寻战略进行调整，使其符合社会搜寻渠道。现如今，大多数应聘者和潜在职位应聘者无须亲自进入公司或通过公司员工的介绍就可以了解聘用公司的品牌。社交媒体搜寻公司可以通过使应聘者在申请工作方面变得积极主动并愿意充分参与招聘工作，还可以通过让他们成为人才社区中对招聘公司未来工作机会充满兴趣的一员，实现与被动应聘者之间的互动（即使他们对当前的职位不感兴趣）。招聘战略应该涉及一个能激励目前流行的工作分担制的社会因素，而且更为重要的是，它应该能够获取传统简历数据库和就业网站无法搜寻到的被动应聘者。

社交媒体可以帮助企业打破以往那种横亘在应聘者私人生活与工作生活之间的障碍，从而帮助他们通过潜在应聘者每天都会访问的平台与他们取得联系。社交媒体还可以为公司和对他们公司稍感兴趣的被动应聘者牵线搭桥，并在潜在应聘者未涉足招聘过程前为公司提供一些有关这些应聘者的独特分析。一些额外的益处包括：一是提高招聘质量和文化契合度；二是优化招聘时间；三是提升品牌形象；四是与被动应聘者取得联络；五是节约招聘成本。

七、授权社交媒体搜寻大数据解决方案和工具

应聘者通过社交媒体平台、利基网站和校友会，在网络上留下各种数字足迹。虽然其中一些并不一定能在任何简历数据库中找到，但具有信息技术相关背景的应聘者在利基网站和社交媒体网，如 GitHub、谷歌、推特和领英上相当活跃。这些公开资料通常是科学、技术、工程和数学（STEM）领域的一部分，其中一些岗位很难找到合适的人员。然而，在这些领域的人才往往会对这些社会群体做出贡献，如为他们的社区提供编程问题的解决方案。新技术公司，如巨兽公司收购的 TalentBin、Entelo、Remarkable Hire 和 Gild 提供了相应的解决方案，以挖掘那些利用传统方法无法接触到的应聘者。这些技术跟踪整个社交足迹，以评估应聘者的技术实力。然后，挖掘应聘者的在线足迹和其他社交信息，根据应聘者公开可用的社交数据创建唯一的档案和实际能力排名。

例如，TalentBin 从诸如 GitHub、Stack Overflow、推特、领英、谷歌及其他利基网站和社交媒体平台上汇总了应聘者的资料，然后为每个人创建唯一的标识档案，包括数字足迹、微型工作产品及可公开获取的联系方式和简介信息。这对于在难以填补的科学、技术、工程和数学领域里有空缺职位的公司特别有用。利用社交媒体搜寻中的高级分析技术，往往可以帮助企业挖掘到通过传统渠道不太可能找到的人才库和被动应聘者。正如良好的营销实践需要在市场中寻找受众一样，良好的招聘将利用那些人才聚集的社区，投资能够定位人才活跃场所的工具和技术，与同行进行交流并和他们一道解决问题（图 5-1）。

案例分析：

美国巨兽公司社交媒体招聘

美国巨兽公司作为跨地区的人才与工作联系起来的全球领导者，20 多年来，帮助人们通过更好的工作改善生活，帮助企业找到最佳人才。目前，该公司在

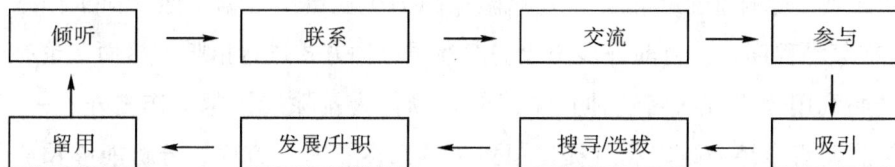

图 5-1　社交媒体搜寻

40 多个国家开展业务，服务范围广泛，主要有求职、职业管理、招聘、人才管理能力项目。巨兽公司将通过先进技术，利用智能数字、社交和移动解决方案，包括其旗舰网站 www.monster.com 及大量的产品和服务继续其改变招聘行业的创举。

巨兽公司的客户希望在这个全球化竞争激烈的人才市场中实现的关键目标有以下几点。第一，瞄准被动应聘者，如那些能够在科学、技术、工程和数学（STEM）领域能胜任难觅岗位的人员。第二，提高巨兽公司辅助的聘用质量和这些员工工作的整体曝光度。第三，建立社交招聘计划，从而和应聘者接洽并取得联系。

在社交媒体应用中面临的挑战是如何在社交媒体，如在推特上与被动应聘者接洽，同时采取易于使用、高效可扩展和节约成本的社交招聘解决方案。

巨兽公司提供了人性化的、可扩展的创新型自动化社交解决方案，帮助客户扩大他们的应聘者覆盖面和整体品牌知名度。巨兽公司的 Monster Twitter、社交招聘广告和 TalentBin 已经帮助大量客户寻找、吸引和招募精英人才。

社交媒体招聘的益处具体体现为：一是招聘时间缩短；二是岗位填充率及聘用质量提高；三是人才招聘成本大幅降低；四是总体工作响应和工作曝光度显著增长。

第三节　人才招聘解析

人们普遍认为，招聘到合适的员工对企业取得成功至关重要。无论企业规模大小，招到与岗位不匹配的员工都可能降低生产力，造成不良的工作环境并阻碍公司的健康发展。长此以往，聘用不合格员工会给企业带来一定的危机。

以往招聘都是通过审查简历或求职信、亲自面试及凭直觉判断某个人能否胜任一个工作。这样企业可能会承担风险，因为企业员工是觉得他"对工作感觉良好"。在某种程度上，目前许多企业仍然参照这种方式进行招聘。然而，也有企业已经开始利用分析方法将这种直觉式的猜测行为排除出招聘工作之外。一方面，分析为应聘者申请空缺岗位时提供了更多的角度；另一方面，分析能够预测某人是否能在职场上一帆风顺，使 HR 人员平心静气，以便在做出重要决定前把不确定性因素排除在外。

招聘支柱作为成功的人力分析必备的一个支柱，强调使用分析来优化面试流程及选择面试应聘者的重要性。分析还有助于确定筛选应聘者的最佳方式、设置面试问题及创建一些测试用于分析应聘者在面试阶段的表现与他在特定工作职能下表现的相关性。

一、人才招聘分析的界定

人才招聘是在人才搜寻流程完成后聘用新员工的做法。人才搜寻提供了关于潜在员工的有用信息，包括来自他们的社交网络简介、简历及他们线上或线下的工作产品的信息。人力招聘分析一般聚焦于招聘流程的四大主要阶段：申请、预选、面试和选拔。

人才招聘分析是将预测分析注入新型人才招聘流程的一种做法。分析可用于决定从众多应聘者中筛选出应聘者进行面试的阶段，也可以用于面试或最终选择阶段。下面将深入研究人才招聘分析，并借此评估该如何了解分析在每个阶段是怎样运作的。

在面试和选择过程中，可以使用不同的分析要素来确定最佳面试方法，包括是否应该亲自面试或通过视频会议进行，以及应当参与面试的人员数量；提供工作机会前的面试轮数；简历的相关性（或者简历是否仍然适合如今的工作形势）；面试问题的数目；应聘者简历与工作机会在哪些地方关联性最强；面试表现与应聘者简历相对比。

预测性人才招聘分析还有益于评估关键绩效指标。例如，面试及工作绩效的相关性；面试及工作绩效中提出的问题类型和数量；简历的质量和面试表现的质量；正确回答的问题数量与工作绩效的比较情况；学术背景与工作绩效对比；简历亮点与工作绩效对比；工作产品与面试表现对比；工作产品与工作表现对比。

分析还可以预测工作绩效与简历的质量或者工作绩效与应聘者面试表现的对比情况。与获取客户类似，公司应采用预测行为模型来确定最佳应聘者：谁与公司文化高度契合？谁欣赏公司文化、企业品牌和价值主张？谁的敬业度高并且能积极地享受挑战？谁将是最优秀的员工，同时也是高效的、忠诚的、有力的公司倡导者？谁会同公司并肩作战？

二、关注人才招聘分析的原因

就业形势正在发生变化，技术人才的战争远未结束。在大数据、社交媒体、代际员工队伍和大量可公开获得的数据推动之下，企业目前处于全球化的人才竞争市场中。经过恰当的信息采集，这些数据可以帮助企业在人力分析方面进行角逐，并最终在人才招聘和保留之战中取胜。

目前，市场上人才需求旺盛，为了争夺训练有素的员工，企业间的竞争愈发激烈，特别是当中国就业市场显著改善，前所未有的经济增长正在改变现在的职位供需局面后，这种形势可想而知。劳动力市场正在以应聘者为导向，而应聘者现在已有多种选择。因此，获取合适的人才正成为许多企业的核心追求。

这种新式工作生态系统正在激励企业改变他们搜索和获取人才的方式。德勒的一项研究显示，67%的受访公司已经更新了人才招聘战略，以适应新的工作形势。预测分析是确保他们触及目标受众、选拔最佳应聘者，以及降低不良招聘成本的方法之一。

要想通过互联网革命将人才信息进行数据化处理并大幅增加公开可用的人才足迹数量，需要企业在探索的过程中采用新策略来获取新型人才。前瞻性公司正在利用预测分析的功能来适应和改进他们的做法，这种方法帮助他们在人力分析竞争中取得成功。更重要的是，这种方法确保他们为公司挑选出合适的员工，避免早期人员流失和相关负面财务影响。有了这种方法，他们能够关注到合适的应聘者，并且利用分析帮助他们聘用适合的人员。

三、夯实职员的资产价值

员工是公司最重要的财产，员工的质量决定着公司的核心竞争力。明智地投资这种资源将确保企业执行、创新、竞争、兴旺和引领行业的能力。为了实现这种成功和高效，企业必须聘用顶尖的人才，这样的员工需要具备完全匹配的技能和良好的文化契合度。

仅仅基于简历和面试的传统人才招聘方法再也无法满足那些主动识别最佳应聘者的企业的需求，这种方法也无法确定哪些应聘者一经聘用后就能胜任岗位。招聘"带宽"也是一个很现实的问题。基于公开招聘的普及性，HR 人员可能会应接不暇，简历和应聘者简介数不胜数，他们需要从中筛选，以发现匹配程度最高的应聘者。为达成这一目的，企业必须迅速、准确和经济有效地采取行动，这需要使用高级分析工具和解决方案来找出这些类型的职位。

面对人才短缺和劳动力市场竞争异常激烈的现实，受大数据和应聘者公开可用的数字足迹的实用性驱使，未能在招聘过程中利用预测分析的公司将触及两个主要底线：通过招聘取代人员流失的成本及不良招聘的整体成本。

四、人才招聘的操作流程

招聘流程因企业不同而有所差异。一方面，人才选拔是一个混乱无章的过程，每个部门行事风格都不同；另一方面，招聘又是一个漫长的、费力的和程序化的过程，对于应聘者和 HR 部门都是痛苦的。然而，一般来说，选拔过程包括 4 个阶段，即申请、预选、面试和选拔。无论选择过程是什么，如果能把分析贯穿始终，那么将会造就敬业度更高的员工和更愉快的 HR 人员。

在考虑人才获取和招聘时，大多数人力资源部门侧重于与流程相关的结果，如发送给 HR 高级管理人员的合格应聘者数量、聘用或任职时间、每次聘用成本、时间效率及 90 天的留任率。这些都是要监控的重要指标，但不是有效的招聘分析所要实现的目标。有效的招聘分析试图了解导致业务结果的应聘者标准和投入，换言之，这是 HR 人员、首席财务官或首席执行官要关心的事情。因此，创建一个极具影响力的选拔分析项目要做的第一步工作是识别并了解在特定职位上取得的招聘成功。在企业中担任该岗位的关键业务成果是什么？表 5-1 是一个关于一些工作岗位及其可能影响业务结果的案例列表。

表 5-1 一些工作岗位及其可能影响业务结果

职位	业务结果
销售员	季度销售
客户服务代表	呼叫解决率
工程师	修补漏洞；发布代码
财务分析师	会计结算时间
内部技术支持	案例解决率

这些是结果测量，其最终希望是利用分析来提前建模和成功预测合适的人才。

五、人才招聘的申请阶段

同一特定工作的申请形式也会因企业的不同而有巨大差异。即使在一家公司内，一个部门可能用一种形式挑选青睐的应聘者信息，而其他部门可能需要耗时更长的流程形式。在有效的申请分析里，HR人员应该鼓励企业尽可能朝着标准化的数据收集转变。

虽然运用了申请表的形式进行选择，但表格中不恰当的申请项目仍然较为普遍存在。法律因国而异，然而有争议性的项目通常是那些关于私人信息的问题，如性别、种族、国籍、受教育时间和是否残疾等；虽然大多数申请表中并没有明确地询问年龄，但许多申请表中会询问应聘者的受教育日期（大学毕业年份），用于推断应聘者的年龄。如果打算运用广泛的选择分析，遵守良好的惯例尤为重要。招聘过程中需要明确信息收集的做法与所在国家的招聘法律相一致，并且不直接或间接参与非法招聘。此外，还需要依靠人力资源管理领域的专家审核来确保数据收集和分析计划与所在地区的招聘法律保持一致。

很多大型企业使用应聘者跟踪系统，要求其在线提交申请或简历。这些系统可以扫描申请和简历中的关键字，从而最大限度地减少人力资源人员在审查文档时所花费的时间。显然，这也节省了人力资源部门的时间。但使用自动跟踪系统的HR人员必须谨慎，因为在这个过程中应聘者越来越有经验。他们用关键词填充自己的申请和简历，即便他们实际上并不具备胜任某个岗位的资格。无论使用何种方法，一个公开的职位通常都能收到数百份申请和简历。审核这些申请和简历可能非常耗时耗力，这时候分析可以提供帮助。

在此，基于数据驱动的人才招聘所关注的人才数据点问题向 Echovate 公司的首席执行官马特·高夫进行了咨询。高夫指出，在传统的人力资源工作中，我们采用了很多听起来既吸引人又前卫的术语，如大数据、数据分析、人员智力、劳动力分析、预测人才选拔、员工参与度和人员留任等，所有这些都可归结到我们一直忽略的一件事情上，即所有这些都和人有关。人成立了公司；人给客户提供服务；人让愿景变为现实；人组建了家庭；人有他们自己的希望和梦想；企业的生存或失败同样取决于员工个人。但是，我们如何获得人心？我们如何了解人的个性？他们在企业的哪个岗位上能茁壮成长？我们又该如何帮助他们实现他们人生中最大的成功？

对此，需要考虑两个关键点以真正理解人的独特性。

一是个人的行为轨迹。这是人存在的核心，他们的个性在小学一年级或者在 7 岁的时候就已定型。这些个性关系他们未来在公司中的表现及他们将如何与他人合作的故事。这并不是什么尖端科学，而是行为科学，由近百年的工作心理研究融会贯通而成，并已形成 5 个或 6 个基本的流派。这门科学已被世界上一些非常成功的公司所采用。

二是个人的数字足迹。这指的是他们从一个门户网站到另一个门户网站或者从一家公司到另一家公司所留下的痕迹。当然，这并不是说用监控软件来跟踪员工。如果他们一直都很擅长在不到 200 名员工的公司工作，那么他们可能难以在华尔街任何一家拥有 10 000 人的公司中胜出。就好像相对于出国旅行，他们更愿意去偏远地区体验全新的经验和非结构化的环境。

这属于人力分析的范畴，它将人员和数据相结合，实时做出更有见地的决定。它的影响巨大并直接关系到成功，每个组织和每个人对此都有不同的定义。有时它非常具体，包括降低员工离职率、增加净推荐值或者增加销售额；有时它又较抽象，包括促进团队合作、建立更强的团队信任及鼓舞员工士气。

振奋人心的机遇在于，中小企业利用人力分析来解决极有影响力的业务问题，将给这些中小企业及他们更大的竞争对手提供一个公平竞争的平台，显著降低失败率，从而建立更好的就业前景。这些中小企业以匿名的方式汇总内部人员及绩效的数据，并将这些数据跨行业或跨工种相互分享，从而进一步提高彼此的增长速度。由于企业规模相对较小，他们将首次拥有一个之前不曾拥有的数据集。有了这个数据集，他们将以前所未有的方式推动事业向前发展。

此一时，彼一时。多年来，我们只是使用技术帮助大批的人员完成一些程式化工作。现在，我们利用技术探索人的独特性，挖掘他们的个体性，探索"个人的力量"如何影响整个组织，并在这个过程中创建微文化。

六、面试前的评估分析

通过分析缩小应聘者人群之后，仍然可能留下许多人。他们的简历看起来不错，他们似乎都有可能成功。在筛选人才的过程中，仍然还有很多工作要做。庆幸的是，分析可以帮助进一步缩小应聘人才库。例如，哪些应聘者最有可能胜任这份工作？应该给哪些应聘者面试机会？哪些应聘者可以与公司的文化相契合？哪些应聘者有他们声称的技能？通常哪一类应聘者会在公司成功？

公司可以采用许多方法来确定应聘者是否有可能在工作中获得成功，选拔测试是用来辨识出在面试过程中很难确定的应聘者的技能。采用多种测试方法，可以评定应聘者的才能、个性、能力、诚信及工作动机。设计合理的选拔测试，可以标准化、可靠、有效地预测应聘者在工作上的成功。

为了客观地比较应聘者，用于测试这些应聘者的过程必须尽可能一致。测试的内容、测试指令和测试规定的时间对所有应聘人员而言必须是相同的。而且，应该问问自己测试是否可靠。换言之，是否能给每一位参加测试的应聘者提供一致的结果？如果每次使用时不能产生一致的结果，那么测试的可靠性应该受到质疑。最后，要考虑测试的效度。也就是说，这个测试方法是否能够测试出它所代表的东西？例如，测试成绩越高是否一定意味着在工作上成功的概率更高？

此外，公司也可以用分析来了解潜在应聘者所谓的软技能。这些技能主要指人际关系和一般分析能力，如团队合作能力、同情心、领导力、谈判能力、适应能力及解决问题的能力。应注意的是，对软技能的理解有时会是主观的，因此难以评估，尤其是当这种评估发生在应聘者正式进入工作之前时。应聘者是否可以创造性地思考问题？是否可以与团队中其他成员合作？是否能够吸收反馈和训练的内容？应聘者是否能适应新的环境，并成功融入团队中？这些问题很难加以量化定义和测量。

当然，也存在一些有效的测量方法。例如，很多企业几十年来一直在使用分类式的个性测试来测试潜在应聘者的软技能，因为他们认为某些特定的个性类型与高绩效相关。其中一个案例就是在工作场合应用莱格的人格类型测验，旨在衡量诸如影响力（领导潜力）、自信心、远见卓识和理性等品质。

对于发展现有的团队，也有证据表明，分类式的个性测试可以帮助管理人员更好地开发和调配他们所聘请的人才。例如，盖洛普优势测试器2.0就是帮助个人了解和描述自身才能的工具，管理者通常使用它来了解并充分发挥员工优势。又如，脸谱公司巧妙地使用优势测试器来有效地调配人才。不考虑公司的职位空缺，脸谱公司只聘用他们所能找到的最聪明的人，然后利用优势测试器的测试结果来了解这些新员工的才能，并为每一位新员工创建一个适合他们的工作岗位。

七、通过面试筛选人才

预选测试及分析可以精简应聘人才库，但是可能仍需要把参加进一步面试的候选名单缩减到合理的数量范围。因此，很多公司更倾向于根据他们所能得到的所有信息，对那些看起来合格的应聘者进行筛选面试。面试官通常采用电话面试来直截了当地询问应聘者一些问题，从而确定应聘者的任职资格及是否适合空缺职位。

如果确定应聘者不适合该职位，那么如果有其他岗位与应聘者的技能相匹配，面试官就可以将应聘者推荐到公司内的另一个空缺的职位。如果没有其他空缺职位并且应聘者很明显不适合这个职位，那么面试就到此结束。这样可以节省应聘者和公司为接下来的选拔过程所花费的时间和费用。

岗位性质及能够用于到面试的时间将决定选择参与面试的应聘者的数量。也许3~4个应聘者就足够了，但是人数越多对了解应聘者的资历越重要。实际上，面试是使用言语对应聘者进行测试。但在很多情况下，这种测试并没有明确的正确或者错误的答案。面试结果取决于面试官如何理解，因此根据面试官所问的问题、应聘者给出的答案及面试官自己的个人偏见，面试结果很可能会存在偏差。

施密特和亨特尔在1998年提出的元分析方法可用来评估哪些员工甄选方法可预测职业成功。尽管任何事情都无法达到十全十美，但非结构化面试尤为无效，几乎等同于随机招聘。然而，这并不意味着这种面试毫无意义。施密特和亨特尔的分析表明，结合结构化面试的工作样本测试对岗位培训项目及工作表现有较高的绩效预测能力。

结构化面试是一个广泛使用的面试技巧，可以通过分析看出哪些答案可以预测未来的成功。在一个结构化或格式化面试中，所有应聘者都会被问到预先设定的问题。这保证了面试过程的一致性，确保面试官没有遗漏掉关键性的问题，并保证了用同样的标准对所有应聘者进行评估。面试问题越规范，分析越能帮助你了解哪些回答（如果有的话）可以预测未来的成功及你希望那个岗位所带来的业务结果。

知名企业使用分析使面试过程更加富有成效。以谷歌公司为例，拉兹罗·伯克作为谷歌公司人力运营部门的高级副总裁，做了一项研究以确定公司的员工是否有特别擅长招聘的。伯克的团队观察了成千上万个面试者，观察了所有的面试官，观察这些面试官是如何评估应聘者的，以及面试者最终在工作中的表现。伯克发现，这些因素之间并不存在任何联系。也就是说，"这是一件完全随机的事情，除了其中一个人具有高度预测性，因为他只对某个专业领域的人进行面试，而他又恰巧在这一专业领域是世界顶尖的专家"。

然而，在其他领域也有正面的发现。例如，他们知道每个职位应该面试多少应聘者，哪些团队成员是更好的面试官，什么类型的特质更倾向于预测出能否在谷歌公司取得成功。同时，他们也发现智力问答毫无成效。如"你能在飞机上装多少个乒乓球？""建造一座摩天大楼需要多少加仑油漆？"等问题，是不能预测出关于谷歌公司应聘人员的任何情况的。相反，结构化行为面试在谷歌公司效果很好。因为在结构化行为面试中，面试官用同样的方式提问，因此在评估人员方面具有一致性。

行为面试不会给某人提供一个假设，而是以"请列举一个你用分析方法解决难题的例子"等问题开始。行为面试不仅给我们提供了理解应聘者给出的字面答案的机会，而且也让我们得到了应聘者在真实的情形下如何互动的例子，同时我们也知道了对他而言什么事情比较困难。

以下是谷歌公司用来预测工作绩效的几个面试问题。

（1）请描述一个你的行为对你的团队产生积极影响的例子。（后续问题：你的主要目标是什么？为什么？你的队友是如何回应的？接下来你有什么计划吗?)

（2）请给出一个你有效地管理你的团队并达成目标的例子。你的方法是什么?（后续问题：你的目标是什么? 你自己及你的团队是如何实现这些目标的? 你如何对不同的员工采用不同的领导方法? 在这个特定情况下，你的主要挑战是什么?)

（3）请给出一个你很难和别人共事的例子（可以是同事、同学或者客户）。是什么让你很难与这个人共事?（后续问题：你采取了哪些方法来解决这个问题? 结果怎么样? 有哪些地方本来可以做得更好?)

多年来，到谷歌求职的应聘者都要忍受没完没了的面试和考试。谷歌公司分析数据后发现，在应聘者经历了 4 个不同的面试官提问之后，其他的后续面试在很大程度上都是在浪费时间。

案例分析:

谷歌是如何招聘的

通过充分利用其人力分析小组的调查结果和建议，谷歌减少了面试问题的数量及面试次数，通常不超过 4 次，然后便发送入职邀请函。在通过对人力分析项目收集的数据进行分析后及运算大量数字并分析数千个访问变量后，谷歌决定删除一些打着解决问题名号的无关问题，如"一架飞机能装多少个高尔夫球?"

他们也发现，名校学历教育背景并不能保证职工的工作质量。事实上，《纽约时报》采访谷歌人力运营部副总裁拉兹罗·伯克——其主张成绩并不能预测谁将成为一名优秀员工——时说道："从我们搜集的数据来看，平均学分成绩是毫无价值的招聘标准，测试成绩亦是如此——除了针对初出茅庐的大学毕业生有些相关性以外，其余毫无相关性。"他继而谈道："众所周知，谷歌曾要求每个应聘者提交成绩单、平均学分成绩和考试分数，但我们再也不提这些了，除非应聘者才刚出校门几年。我们发现以往的分数无法预测任何东西。有趣的是，谷歌内部未接受过任何大学教育的员工比例随着时间的推移而上升。所以，我们现有的团队里，14% 的队伍是由从未上过大学的人组成的。"

第六章　人力资源管理的未来探索

谁都无法预知企业的未来和人力资源理论在未来的发展，也没有人能预知人力资源管理在未来如何变革。但能确定的是，人力资源将是企业能够创造成果与价值的关键因素。把握人力资源管理面临的挑战，把握人力资源管理的发展趋势，对于人力资源管理转型和企业变革尤为重要。

第一节　人力资源管理面临的挑战

现在人力资源管理团体的确已经形成，其中有些是正式定义的团体，有些则是非正式定义的，其内部关系并不明确。不论是何种人力资源管理团体，未来要面对的挑战将推动人力资源管理团体的发展。

一、提出人力资源理论的基本目的

人力资源理论的提出有两个目的：第一，解释事情发生的理论基础；第二，解释事情发生的环境条件。

（一）解释事情发生的理论基础

享誉全球的企业战略教授普拉哈拉德经常和 HR 高层团队会面。在会面中，他提出人力资源之所以无法成为企业的职能中枢，原因之一是人力资源缺乏理论基础。如果存在人力资源理论，那么就可以将单个事件纳入常规模型中，逻辑性地分析多个事件之间的关系，从而提供通盘的解释。

要避免人力资源管理成为孤立的行动，直线经理和 HR 人员必须精通 HR 工作的理论基础；必须从理论上能解释人力资源管理如何帮助达成成果，又为何能够达成成果。HR工作是以通用的理论体系为基础的，如学习理论是开展培训、发展和教育工作的先决条件；动机理论是从事薪酬福利工作的基础；组织变革理论则是致力于组织成效工作的基础。相关理论为人力资源管理提供了稳固的基础，促使HR人员思虑周密，从而避免令人产生"赶时髦"的不良印象。

现阶段，以各领域的学术研究为基础的人力资源理论已经开始陆续出现，从不同角度说明人力资源管理对业务成果的影响。

一是资源依赖（源自政治科学）。人力资源管理能帮助企业持续地获得稀有资源（知识与人力资本），进而提升企业的竞争力。

二是交易成本（源自制度经济学）。人力资源管理有助于降低执行成本和管理成本。

三是权变理论（源自企业战略理论）。人力资源管理能配合企业战略，提供适当的支援以达成成果。

四是制度理论（源自社会学）。人力资源管理可将理论知识与行动方案从一家公司移植到另一家公司，促使最佳实践成为行业惯例。

五是认知心理学（源自心理学）。人力资源管理有助于在公司内创造共享心智或文化，以降低管理成本，提高员工承诺与贡献。

无论偏好哪种理论，直线经理和HR人员都应该从理论中更好地解释日常工作，从而能更合理地解释为何他们的工作能达成目标。

（二）解释事情发生的环境条件

理论能使HR人员以权变的角度思考一系列"如果……那么……"问题，帮助HR人员避开冒险行为。

例如，人力资源标杆学习的目的是寻求人力资源最佳实践的构成要素。为了寻找最佳实践，HR人员拜访优秀企业以了解它们的人力资源实践，然后在自己的公司中仿效执行。很多公司不远千里拜访通用电气公司，学习通用电气公司的岗位继任计划、文化变革、员工参与和人才发展。许多拜访者迷恋通用电气公司的实践方法，但回去后却发现这些方法根本无法在本公司的环境中予以实施。

这类标杆学习所遗漏的步骤就是权变性思考，即不但要思考结果（"如果……那么……"中的"那么……"），还要注意实施方案的环境条件（"如果……那么……"中的"如果……"）。通用电气公司在创新文化上的成功是众多权变性思考的结果，包括优秀的 CEO 领导、管理层能力、组织的历史、创新氛围、充分开放的交流平台、HR 人员的威信、稳定支持的人力资源管理体系（如沟通、薪酬、培训、岗位继任规划等）。

HR 管理人才必须学习并进行权变性思考。他们必须了解，重要的不是人力资源方法，而是应用方法的环境条件。权变性思考是要不断地问为什么，如为什么这个人力资源方法可以产生效用？

二、人力资源面临多个新课题

（一）HR 部门的起源和演变

人力资源的传统核心工作是招聘与解雇。早先，员工是由公司的采购部门负责的，因为采购部门负责取得土地、设备、原料，所以自然包括了人员的聘用。由于采购部门不人性化，造成工会兴起，该组织代表劳动者一方发言。为了和工会谈判，公司需要有资方代表，因而有了 HR 部门，主要负责劳工关系。

HR 部门的其他专业模块也逐渐形成。人员配置模块是因为通过测试与评估可以更妥善地安排员工岗位、提升绩效而形成；培训模块是因为开展相应的培训，员工可以提高工作上所需的技能而形成；薪酬模块是因为通过设计适当的薪酬制度可以激励员工产生更好的绩效而形成；考核模块是因为对于员工而言，需要明确所期望的行为成果，从而使管理层目标转化为员工目标而形成。

20 世纪 70 年代末之前，有关人力资源的绝大多数论述都是关于 4 项核心 HR 工作的：人员配置、培训、考核与薪酬福利。HR 人员只要能在战略和运营层面上熟练地执行这些工作，便能证明他们的价值。20 世纪 80 年代末的人力资源管理是在这些技能之外，另行加上组织设计与沟通能力。在合并、整合和收购之风盛行的情况下，学习建立新的组织与流程成了 HR 人员的核心工作。此外，沟通成为与员工分享信息的重要工具，因此沟通工作也变成 HR 工作的重要内容。

在未来，人力资源管理的许多核心技术必须持续改进，包括高层人员的发展、招聘与人员配置、培训与教育、薪酬与激励、绩效管理、员工关系、劳工关系和多样化。

（二）人力资源全球化

人力资源全球化有两层含义。

第一，直线经理和 HR 人员必须了解全球化业务战略中的人力资源部分。全球化业务战略的重点是公司如何进入某个国家，开始经营。例如，许多公司看到在中国或印度的市场机会，于是拟定了进入这些市场的战略。但是，要成功执行这些战略，首先得处理许多基本的人力资源问题：该如何聘用当地的员工？该如何确保当地员工遵循本公司的文化？该如何建立激励因素以强化当地员工的行为？该如何建立与当地公司之间及公司内部的沟通渠道？以上问题及其他人力资源问题对全球化业务战略能否有效实施至关重要，做好人力资源管理应该了解这些问题的不同答案及其可能造成的结果。

第二，直线经理和 HR 人员应该提前了解各国独特的环境，一旦进入某国市场，就知道该如何完成工作。例如，当地政府对于裁员的相关法规可能会影响公司聘用员工的数量及对待员工的方式。应该详细研读当地的政策，包括人员招聘（许多法国公司以笔迹或手写分析作为筛选人才的方法）、薪酬（许多国家的税法强制规定薪酬中的一部分是生活津贴，不得计入薪资）、福利（每个国家对员工健康与福利的相关法规都有所不同）或培训（学徒式的培训计划在德国企业中非常普遍）。试想一个大型矩阵，纵列代表公司设有运营点的国家，横列代表人力资源行为，每一格均代表在某个国家、某项人力资源行为的独特要求。HR 人员必须设计出这个矩阵，才能完整地讨论人力资源全球化的挑战。

人力资源全球化的重要性日益突出，它会影响业务战略在不同国家的操作实践，以及知识的转移。

（三）培养未来领导者

公司对未来领导者的要求将不同于现在，定义及发展未来领导者将是 HR 人员所面临的一项重要挑战。弗朗西斯·赫塞尔本、马歇尔·戈德史密斯和理查德·贝克哈德在合著的《未来的领导》（The Leader of the Future）中，整理了许多在领导领域享有盛名的理论学家的观点。从这些讨论中可以看出，未来的领导者和现在的领导者有以下区别。

第一，未来的领导力将不再集中于高层，而是遍及整个组织。

第二，领导者所制定的制度流程将比领导者的个人魅力更重要。

第三，个人领导将被团体领导所取代。

第四，未来的领导者将提出问题，而非解答问题。

第五，未来的领导者不再仅仅寻求和接受简单的解决方案，而是倾向于识别并接受矛盾现象。

第六，未来的领导者不再偏好分析型工具，而是偏好兼具分析型及感性型工具。

第七，未来领导者将以全球化思维与行为取代局部性思维与行为。

第八，对问题和学习的兴趣比解决方法或答案更为重要。

直线经理和 HR 人员必须建立能够培养或发现这种未来领导者的制度。这些制度可能包括设计与运用专业素质模型、追踪目前的领导力品质、找出培养领导力的方法、培养高级经理的领导力等。直线经理和 HR 人员的价值与绩效评估项目还应包括他们在培养未来领导者方面的成效。

（四）知识转移

学习型组织有两个主要特征：创新和推广。多数大型公司都会定期提出新想法，有创新才能追求卓越。一直以来，在管理、科技、制造、分销和人力资源管理等领域的创新从未间断。

学习的最大挑战显然是如何跨越时间、空间、地域、业务或部门障碍，推广、普及知识，从而创建一个可在整个组织中进行知识分享的知识转移系统。显然，这也将是人力资源管理的重要工具之一。知识转移使得知识的共享不再受地点的限制，从而加快知识的周转速度，积累经验以提高创新概率，收集不同来源的信息以便做出更好的决策。知识转移的优点与学习型组织一致：比竞争者更快速地学习，更快速地响应市场情况，更快速地从失败与成功中学习经验，建立智力与人力资本。

为建立知识转移的基础框架，直线经理和 HR 人员必须和信息技术人员共同建立分享信息的计算机网络。为建立有效的信息分享系统，必须回答以下问题。

一是我们需要知道哪些未知的知识？

二是我们该如何获得这些知识？

三是我们如何与其他人分享这些知识？

知识转移并非只是在信息技术方面投资，而是要在所有员工之间创造重视创新的共享心智。

要建立有效的知识转移流程，必须要定义员工的招聘标准（员工能够且愿意发展和分享创意），思考如何促进发展（与全球各地的组织及人员分享创意）、如何创造激励因素（必须能鼓励知识转移）、如何沟通（必须容易取得信息并分享信息），以及如何设计组织（减少层级、增加信息分享）。现在，有些公司的 HR 负责人已经被视为首席学习官，这表明知识转移的重要性已日益提高。

（五）文化变革

在美国人力资源规划学会关于"最先进的人力资源知识与技巧"的第二轮研讨中，鲍勃·艾辛格和戴维·尤里奇发现了一个令人吃惊的结果：当我们要求众多优秀思想家从诸多挑战中选出一项当今高竞争力组织所面临的最重要挑战时，多数人选择的是文化变革。但是，当要求他们评估大多数组织在这些挑战中的表现时，文化变革的得分却是最低的。

"文化变革"曾被视为深奥的、学术性的术语。而如今，文化变革已成为企业评定员工是否适应环境变化的基本假设、价值观、心智和思维模式的准则。文化变革的重心不是执行新的行动方案，而是改变企业的基本心智。它的内容涉及信息分享、对待员工的方式、工作分配和决策。文化变革不只对公司内部的员工有影响，也会影响公司外部的供应商和客户。

为达成文化变革，直线经理和 HR 人员必须学习激励并组织全体人员参与一系列行动，其工作包括以下几点。

一是对文化变革的承诺。直线经理和 HR 人员必须学习将文化变革转变为企业议题，文化变革必须成为为股东和客户提高价值的方法之一。

二是定义当前的文化。直线经理和 HR 人员需要一个模型或框架来描述公司文化。在众多模型中选择哪一个并不重要，重要的是必须有能力使用被认可的理论，清楚而正确地阐明所选择的文化框架。

三是定义期望的文化。期望的文化反映了员工及客户对公司的共同认知。在众多被肯定与接受的流程中挑选一个，使用此流程定义期望的文化，这将有助于阐明文化变革的成果或方向。

四是衡量当前文化与期望文化之间的差距。当前文化与所期望文化之间的差距必须被明显地指出，才能为文化变革指明方向，让文化变革据此发展。

五是准备及执行文化变革。文化变革的行动计划包括涉及全公司的项目（如质量培训活动、能力导向的人员招聘实践）、流程再造工程（如采购流程、客户接口、接单后汇款）、员工敬业度活动（如举办员工大会，在会上让员工扮演在新文化中的角色）。HR 人员必须有创意地将文化构想转化为实际行动。

六是协调文化变革。在文化变革中有许多琐碎的工作，解决这一问题的方法是让 HR 人员负责成立、支持或领导一支转型团队，其工作是处理所有关于文化变革的平行活动。

七是评估成果。许多文化变革雷声大、雨点小，轰轰烈烈地开头，几个月后却在埋怨声中结束。HR 人员应该评估及记录文化变革的进展，及其对人员、流程和利润的影响。

这些步骤也许不是每个文化变革所必需的，但是，它们代表未来 HR 人员必须面对的问题。

（六）客户导向

当人力资源成功的标准从内部因素（如降低成本和提高员工承诺）转移为外部因素（如提高营业收入和顾客满意度）时，人力资源管理应同时关注员工和外部客户，这种重心的转移导致了与外部供应商和客户相关的人力资源实践的重新规划。客户不仅参与培训课程、人员配置决策和员工测评，而且将加入高绩效团队，帮助拟定沟通计划。在这当中，他们既是信息的接收者，也是信息的提供者。以上所述只不过是众多的侧重于客户和员工的人力资源新工具中的一些典型。

对直线经理和 HR 人员而言，客户导向的人力资源管理有着重要的含义，也引发了许多迫切需要解决的问题：当今的直线经理和 HR 人员应该把时间花在哪些事务上？公司中哪些人应该参与拟定人力资源议程？应该邀请几位外部客户参与人力资源管理的设计与实施？为建立这些外部桥梁，公司内团队之间的关系应该是什么样的？

在未来几年，如果 HR 人员花更多时间在外部客户身上，让他们参与人员配置、培训、薪酬、组织、沟通和其他人力资源管理的设计，那么以上问题的答案将有所改变。客户在人力资源管理的设计与实施上的参与度不会低于内部员工；HR 人员可能会和市场、销售、运营、信息管理系统等部门的专业人员共同组成客户服务团队，以努力满足客户的需求。

当人力资源管理从员工导向转变成客户导向时，员工和客户都将是赢家。员工可以看到他们的工作为客户提高了价值。为了响应客户需求，他们将更有能力、更快速地调整工作，进而更努力地满足客户的期望。而客户可以直接和员工接触，共同为自身的需求努力，并缩短工作流程改变所需的周期。

三、人力资源的新能力面临培养需求

每个组织都具备某些能力，在运作良好的流程中体现得尤为明显。一个组织的人力资源能力高低或成功与否都是可以评价的。传统上，正确性、可靠性、效率是评估组织的人力资源管理成效的标准。

在新的时代背景下，除了传统能力外，还应再加上新的人力资源能力，如速度、执行、创新、整合。其中，速度是指在保证质量的情况下，HR工作的完成速度可以多快；执行是指新创意是否能转化为行动，从员工行为或企业效益中能否看到成果；创新是指在解决老问题时，人力资源管理团体是否有所创新，是否能找到过去未曾使用过的解决方法；整合是指HR工作能否有效整合战略计划、客户目标、员工需求，以及其他部门的计划。

为完成这些工作，组织中的直线经理和HR人员必须具有新能力。而为了具有这些新能力，则需要组建善用技术、勇于冒险的人力资源管理团体。他们对HR工作对业务的影响方面有着共同的目标，他们深刻了解并采用最佳人力资源实践，同时，他们也愿意冒险和创新。

四、人力资源价值主张亟须塑造

所有商业活动都能归结于一个基本的业务主张：用经济有效的方式为顾客创造价值。HR人员必须制定人力资源价值主张，促使人力资源管理能配合企业的现实需要：服务顾客、按期完成任务、获得收益、善用科技、让投资人满意。HR人员应该投入更多的时间来了解他们的工作是如何影响业务的。这并非新的需求，以往这个需求已经被一再宣扬，目前该是HR人员摆脱纸上谈兵的时候了。每位HR人员都应该能圆满地回答：你的工作是否能为企业提高经济价值？

未来的人力资源投资必须着重考虑价值创造，并为人力资源产品与服务建立价值公式。人力资源价值主张同时引出了一个简单问题和一个复杂问题。简单的问题是：在人力资源管理与以下 3 类利益相关者之间建立具体的联系。

一是员工：人力资源管理如何影响员工士气、承诺、专业能力和留住人才？

二是客户：人力资源管理如何影响客户满意度、客户贡献和客户保留？

三是投资人：人力资源管理如何影响收益、成本、成长、现金流和利润？

价值创造的复杂问题是：探讨人力资源管理、员工、客户和投资人 4 个要素之间的相互关联。因为任何一方的行动都会直接或间接地影响其他三者。厘清这种复杂关系是建立完整的人力资源价值主张过程中所面临的长期挑战。

如果缺乏人力资源价值主张，组织对人力资源价值的判断只能依靠轶事传闻、感知、声誉或高管的直觉。因此，HR 人员必须开始思考如何建立一个更复杂的人力资源价值主张。其中一个方法是，在一张纸的左边列出公司的人力资源管理方法，右边列出公司衡量成功最重要的经济指标，如资本权益报酬率、净资产报酬率、每股盈余，人力资源价值主张则介于其中，连接左边的人力资源管理方法和右边的经济指标。

连接人力资源管理方法和公司经济指标的路径没有固定的形式。特别注意的是，用来连接人力资源管理和业务绩效的路径，不必然也不应该适合所有的企业，但是每个企业都应该建立并遵循一条符合其人力资源价值主张的路径。

五、人力资源组织的治理出现新要求

治理是指如何协调工作。所有的工作必须在企业规定的边界之内，但是在未来，治理可能会存在很多种形式。现在的组织已经被定义为网络或群体，而且被形容为虚拟与无边界。在这样的组织中，通过关系及信息来治理的情况多过以政策和组织层级来治理的情况。举例来说，20 世纪 90 年代美国的公司中，最大的招聘公司是中介服务公司万宝盛华，许多公司都普遍聘用合同制员工，而这只是外包模式改变工作方式的一个典型。

从金字塔式组织走向新的网络式组织形态，需要对组织流程进行全新的思考。在网络式组织中，员工的职业生涯可能以水平方式发展，而不再是过去的垂直方式；薪酬制度和职位的关联性可能会降低，而与能力的关联性则会提高；文化将不再局限于业务单元内部；学习团队协作已经成为职业生涯成功与否的要素，就像过去在某个领域具有权力或掌控权是决定职业生涯发展的要素一样。

　　在未来，公司可能不再依托于法律及地理区域，而是由知识及价值来界定。人力资源管理团体也需要治理。在未来，由人员配置、培训、评估、薪酬、福利、沟通、组织设计等领域专业人员构成的 HR 人员将变成一个虚拟组织，其主要的工作是制定政策和管理人力资源活动。例如，某公司可能不再设置大型的内部人员培训部门，而将这些工作外包，由外部咨询公司提供所有培训相关服务，包括培训课程的设计、培训、培训结果的评估。类似的模式也可应用在人员配置、沟通、组织设计、团队建设、政策制定和其他人力资源活动上。这种转型的相关问题包括：人力资源组织如何创造价值？由谁开展 HR 工作（HR 人员、直线经理，还是外部咨询公司）？HR 部门的工作职责如何划分？如何建立公司人力资源管理团体的架构？通过回答这些问题，公司便能创造一个截然不同的 HR 部门。这个组织可能会变得很小，是一个人力资源服务的中介者；这个部门也可能会区分为不同角色，如专家中心、共享服务中心、统筹者，这些角色相互配合以创造价值；或者在集权的中央体系下设置一个 HR 部门，其责任是确保公司可以有效而快速地响应区域单位的需求。

六、HR 人员的职业生涯发展模式发生转变

　　即使目前探讨的未来挑战可能只有一部分会真正发生，但也足以使 HR 工作产生显著的变化。可以将传统的人力资源职业生涯模式比喻为阶梯，HR 人员必须像爬阶梯一样发展他们的职业生涯，从学徒到能够独立工作，再晋升为指导者，然后更上一层楼成为战略师。在未来，或许可以将 HR 人员的职业生涯模式比喻为马赛克。

　　在马赛克式的职业生涯发展模式下，一位 HR 人员的知识和能力比他在组织中的职位更重要。HR 人员从事的工作越来越多元化，从而越来越多的人放弃循序渐进的职业生涯规划，而是寻求多方向发展，即抓住各方面的职业发展机会。因此，HR 人员的职业生涯发展途径已经不再是线形的。可以从 3 个层面来描述马赛克式的职业生涯发展模式：第一，HR 人员可能的工作地点有 4 种，包括一线现场（如工厂）、业务单元（如某条产品线、某个国家分公司）、总公司 HR 部门或非 HR 部门；第二，在每个可能的工作地点，HR 人员可能是 HR 职能专才（专注于某项人力资源职能），或是 HR 业务伙伴（即 HRBP，负责协调人力资源与其他部

门的工作）；第三，某个职位可能具有下列 3 种属性之一：贡献者（独立工作）、整合者（协调其他人的工作）和规划者（指导政策和流程）。

图 6-1 展示了 HR 人员的职业生涯发展的多种途径。例如，一位在某个工厂的 HR 人员，很可能整个职业生涯发展都是在这家工厂（图 6-1 的左上区域），从专才到通才，历经许多角色与职位，但都是在相同的工厂。另一条途径可能是让 HR 人员在非 HR 部门做支持服务（图 6-1 的左下区域），然后再回到 HR 部门内。另一条越来越常见的职业生涯发展路径是穿越整个马赛克。例如，一位 HR 人员一开始可能是销售某项产品的业务代表，然后成为某个生产一线的人力资源业务伙伴，或是某业务单元的 HR 人员，接着变成为该业务单元的人力资源业务伙伴，最后成为总公司的人力资源业务伙伴。

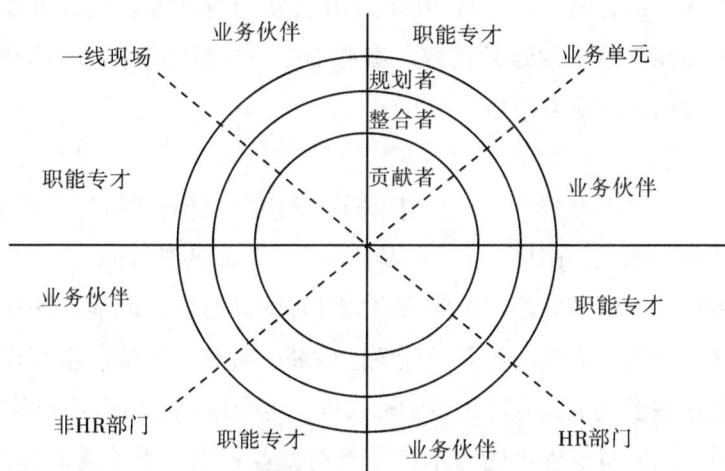

图 6-1　HR 人员马赛克式的职业生涯发展模式

从马赛克式的职业生涯发展模式思考，其用处在于认识到职业生涯发展途径有很多种，人力资源管理团体中的许多工作都有其重要性，而个人的能力远比所处的职位更重要。

七、HR 人员的能力结构面临重塑

HR 人员的能力可以利用一个倒三角框架来说明：业务知识、人力资源管理知识和变革管理。其中，业务知识和人力资源管理知识位于倒三角上部，变革管理则位于倒三角下部。每个领域的职能各自以不同的方式提升整体绩效：业务知识对 HR 人员的绩效影响达到 18.8%；人力资源管理知识达到 23.3%；变革管理达到 41.2%，其他占 16.7%。这个框架的内涵及其所代表的意义是：业务知识主要包括财务能力、战略能力和企业技术能力，能让 HR 人员有资格成为人力资源管理团体的成员；人力资源管理知识涉及人员配置、发展、考核、薪酬、组织设计和沟通。用于帮助 HR 人员开展工作；变革管理具体表现为诊断问题、解决问题、创新和变革、影响力、角色影响，用于帮助 HR 人员达成成果。

（一）业务知识

当 HR 人员了解业务的运营模式后，便能为业务创造价值，因为对业务的了解可以帮助 HR 人员在业务条件变化时及时调整人力资源管理。只有充分了解该组织在财务、战略、技术、组织方面的能力，才能参与战略讨论。那些仅在行业、员工或人力资源关系方面具有丰富知识的 HR 人员也许在专业领域可以完全胜任，却无法了解公司在竞争中的运营精髓。有些 HR 人员熟练掌握人力资源技能，却不懂得调整技能以适应业务环境。

（二）人力资源管理知识

不同行业、不同领域的专业人员都必须有相应的理论基础与实践能力，人力资源管理人员亦是如此。HR 部门的管理者应具备较高的管理能力，树立先进的管理理念，采用科学的管理方法，在实现高效管理的同时，获取他人的认可与尊重。人力资源管理可分为六大模块：人员配置、发展、考核、薪酬、组织设计和沟通。那些被认为在这些模块上具有能力的 HR 人员，也会被视为值得信赖的 HR 制度设计者与执行者。人力资源管理能力不仅是具有专业知识，更重要的是将人力资源管理知识传递给组织其他成员。

（三）变革管理

变革与流程管理也是人力资源管理者应有的一种能力。这是由于在新的时代背景下企业外部环境不断发生变化，如客户需求、信息技术等，这就对企业变革与创新提出了要求，通过变革才能持续拥有竞争力。变革能力强的企业，其竞争力也较强。如果个人对变革持抗拒态度，往往会使组织无法响应需求与期望而进行快速调整。提升人力资源管理者的变革能力，有助于为企业变革与创新提供力量支持，促使企业更好地适应时代环境。人力资源管理者的变革能力具体表现为：善于捕捉各种现实问题；能与客户维持密切关系；能清晰把握企业的发展方向；

能解决企业变革中的问题。变革管理的相关能力包括变革流程的知识、担任变革推动者的技能和促成变革的能力。

（四）信誉

除了上述 3 个领域之外，成功的 HR 人员还需要另一种品质——信誉。图 6-2 展示了未来的人力资源人员能力的延伸模型。在与 HR 人员进行访谈的过程中，我们逐渐了解 HR 人员该如何取得他人的信赖。可以提升 HR 人员信誉的行为包括以下几点。

一是准确：所有 HR 工作应该正确。

二是一致：可预测。

三是兑现承诺：言行一致，在预算之内准时做到承诺的事。

四是同事关系：能和同事、下属、上级和谐相处。

五是恰当地面对：愿意在适当时候、适当场合、以适当态度提出反对与质疑。

六是正直：行为合乎道德标准。

七是思维不受限制：提出不同见解，有自我观点，而且愿意表达出来。

八是严守秘密：严格保守所有个人隐私信息。

九是倾听及专注于管理问题：理解领导层或业务所需要的一切人力资源服务。

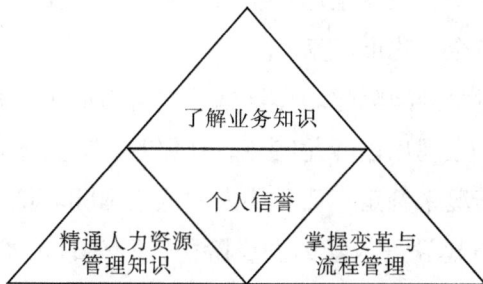

图 6-2　未来的 HR 人员能力延伸模型

这些提高信誉的行为并非只适用于 HR 人员，许多也可应用于领导者。在未来，HR 部门的发展不在于攀爬职业生涯阶梯，而是建立关键的组织能力。

第二节　人力资源管理的发展趋势

一、人力资源管理全球化趋势愈演愈烈

进入 21 世纪，全球化趋势愈演愈烈，全球范围内的企业竞争日趋激烈，企业发展环境已发生了显著变化。在全球化发展潮流中，企业人力资源管理必然要具备全球化眼光，关注国际形势，加强全球化人才的引进与培养，形成兼容并包的心态，加快构建系统化的制度体系，不断追求创新产品或服务，积极应对全球化带来的各种挑战。全球化企业的人才要求具有全球化思维、终身学习意识及创新能力。

第一，员工与经理人才的全球观念的系统整合与管理。要实现其整合与管理，可从以下两点入手：一是充分发挥人力资源管理的培训职能，有效开展员工培训项目，特别是强化经理人才高瞻远瞩的眼光和全球意识；二是把握人才流动国际化、无国界性特点。具体而言，就是要运用全球化眼光来充实人才，关注人才在全球范围内的流动，善于选拔有全球意识的人才，而且要从其他国家引进高端人才，使企业更好地适应全球化市场竞争。

第二，人才市场竞争的国际化。在日趋开放自由的市场环境中，人才交流市场逐渐突破国界限制，显现出国际化特色。到那时，对人才价值的认识就会不再根据区域市场的发展情况来判定，而是将人才置于国际环境中做出全面而深入的评估。目前，人才网络建设进入新的发展阶段，旧有的人才交流模式将被打破，网络在人才流动中的价值将更加凸显，人才网站也会为客户提供更优质的服务。

二、人力资源管理虚拟化特点日益鲜明

信息技术的发展催生了新的办公模式，家庭办公、协同办公成为现实，促使人力资源管理的虚拟化特点日益鲜明。人力资源管理虚拟化作为适应信息化、网络化发展的企业组织管理的一种策略，是人力资源管理发展的一种新的趋势，使企业运用自身最强的优势和有限的资源，大幅增强企业实力，进一步增强人力资

源管理的灵活性。人力资源管理虚拟化主要有两大突出表现：一是人力资源信息化管理；二是人力资源外包服务。

（一）人力资源信息化管理

在现代信息技术的支撑下，人力资源管理越来越多地依赖于计算机与互联网，并由此开展事务性管理活动，如人事信息管理、福利管理、考勤情况等。在此基础上扩展到常规性管理活动，包括网络招聘、网络培训、网络学习、网络考评、网络沟通等。未来人力资源信息化管理将在系统整合的基础上实现自上而下的战略性人力资源管理的 e 化，即 eHR。eHR 对于减少管理成本、提高管理效率作用突出，有助于减少人力资源管理者对繁杂的事务性管理活动的时间与精力投入，使他们更加关注战略性管理活动，全面提高人力资源管理水平，优化管理效果。

（二）人力资源外包服务

互联网在各个领域的应用日益广泛，已成为人力资源管理的一个必要载体。企业人力资源管理可划分为核心职能与非核心职能两类。企业在保留核心职能的同时外包非核心职能，这样有助于使人力资源管理者有充足的时间与精力落实关键业务，促进对企业外部资源的充分利用，实现资源优化配置，提高管理效率，为企业赢得竞争优势。通过人力资源管理外包，可以将人力资源管理的核心模块转移到对企业核心能力最有贡献的领域，构建企业核心竞争优势，提升组织整体绩效。

三、人力资源管理向职业化方向发展

随着人力资源对企业的重要性日益凸显，人力资源管理的职业化特色更加鲜明。目前，人力资源管理专业人员认证业务迅速发展，高等院校相继增设了人力资源管理专业，专门性人才培养日趋受到重视。我国逐步推行人力资源管理师制度，设立人力资源管理人员国家职业标准，这对于完善人力资源人才培养体系意义重大。2010 年全国有 300 余所高校开设了人力资源管理本科专业。中国人民大学劳动人事学院在 2003 年率先开设人力资源管理硕士和博士学位授予点。人力资源管理人才培养成为高等教育的重要组成部分，对于提高人力资源管理人员的综合素质具有积极意义。

随着人力资源专业的发展，形成了自身完善的理论知识体系，逐渐构建起相应的行为准则。在未来企业管理中，具有专业能力的人力资源管理人员将大幅增加，人力资源管理的职业化、专业化水平将不断提高。高素质的人力资源管理人员应具备扎实的理论知识与较高的技能水平，也要具备职业精神，了解相关行为准则。

在全球化环境下，传统的人力资源管理必然要面临变革挑战，需要重新建构自身的业务体系，深入把握自身在企业管理中的角色。面对激烈的市场竞争，人力资源管理人员将承担起更大的职责，如为企业塑造领导标杆、创造企业能力、加强知识的可推广性、优化人才管理方式等，为企业发展提供强有力的支持，协助企业创造价值。

四、人力资源生态链管理日显重要

企业管理始终要贯彻"以人为本"的理念，这是由于企业价值都是由各层级的员工共同创造的。因此，在人力资源管理中，要尊重人才，善用人才，构建优良的人才生态环境，增强组织内部成员的凝聚力，为员工施展才能、创造价值提供平台，促进经济和社会发展。在未来发展中，企业人力资源生态链管理或者绿色人力资源管理将逐渐受到关注。

第一，在人力资源生态链管理中，要积极构建绿色的人才生态环境，促进人才的良性竞争，进而实现人力资本增值。人才生态环境包括能够确保人才生存发展、施展才能及实现自身价值的生活环境、工作环境、经济环境、政治环境、文化环境等。人才生态环境的构建可从以下几方面着手：一是企业更深刻认识到人才的价值，尊重人才；二是承认人力资本产权；三是将人才打造成为企业经营的核心要素与竞争优势的来源。此外，要营造良好的竞争环境，打造以职业道德为基本规范，以才能与绩效为指标的用人机制，以价值创造为追求的竞争制度。

第二，绿色的人力资源管理要适应绿色经济发展要求，最大限度地开发人才潜能，激发人才的创新能力，构建与企业发展相适宜的人才培养系统。在人力资源生态链管理中，要注重优化人力资源管理相关制度，革新管理方式，构建更加科学的管理体系，变革管理职能。这样，企业才能更好地适应绿色经济发展要求，融入经济发展大环境，应对各种挑战，把握发展机遇。企业要比以往更加重视人力资源开发，充分发挥人力资源在增强企业实力、促进价值创造方面的作用。基于绿色经济发展要求，要结合社会经济发展现实，建立企业战略目标，关注人员培训，增强培训体系的科学性和有效性，发掘人力资源的价值，为企业发展提供有力支撑。

五、人力资源价值链管理需求更加突出

人力资源管理由过去的价值分配转向价值创造，其功能由成本中心转向利润中心。人力资源管理从本质上看就是以价值链管理的方式获取人力资本价值。人力资源价值链是指人力资源在企业中的价值发现、价值创造、价值评价和价值分配一体化的环节。价值链管理以人才为核心，既要尊重人才，也要善于采取有效方式激励人才。人力资源管理就是根据企业实际构建以核心人才为主的竞争优势，打造核心竞争力，促进实力提升。在企业未来发展中，价值链管理的作用和必要性将更加凸显，人力资源管理者必须具备实施价值链管理的意识与能力。

第一，价值发现与价值创造以人力资源战略规划流程为基本支撑。在实际工作中，要将人力资本投资与企业战略目标相结合，提升人才的核心能力，发掘人力资源管理的战略价值。人力资源价值链管理的第一步必然是发现价值，主要包括以战略价值为引导的人力资源战略规划系统和以增加价值的方式设计的人力资源管理工作体系。

第二，要有效实现价值创造，必须认可企业家与创新人才在企业发展中的不可替代性。根据2/8法则，20%的核心人才为企业创造了80%的价值。但这并不意味着其他80%的人员可有可无，他们也是企业持续发展的强大动力。因此，要建设由企业的核心层、中坚层、骨干层为主的员工队伍，对各层级的人员实施科学管理，提高管理的针对性和有效性。

第三，价值评价也是不容忽视的一环。价值评价借助一定的评价机制，全面分析人员的综合表现，认可做出贡献的人员，构建以能力与绩效为核心指标的人力资源管理体制，突出价值创造在人力资源管理中的不可替代性。

第四，建立科学的价值分配制度。科学的价值分配制度是激励员工，发掘员工潜力并满足其需求的需要。在制定分配体系时，要保证价值分配的多元化，综合把握薪资、福利、股权、发展前景等要素。企业要注重开发员工潜能，针对员工优势科学地进行价值分配，增强其职位胜任力。

六、知识型员工的有效开发与管理日趋重要

进入知识经济时代，人才已成为企业获取竞争优势的核心要素。在人力资源管理过程中，要善于把握知识型员工的特性，在开发其潜能的同时实施科学管理，将其培养成为企业的核心力量。

知识型员工的有效开发与管理日显重要。知识型员工的核心特性与优势就是具备知识资本，他们有显著的自主性。知识型员工的管理，已成为人力资源管理的一个关键点。在管理过程中，既要保护其自主性，赋予他们一定的权利，同时也要加强风险管控，促进企业战略与员工需求的统一。对于知识型员工而言，他们对终身职业有强烈追求，高度重视自身的终身职业能力，但他们并不愿意长期留在发展空间有限的岗位上。对此，人力资源管理部门要关注其发展需求，促使其终身职业追求与企业战略高度契合，从而留住人才。值得注意的是，对知识型员工的工作过程实施监控，是人力资源管理者面临的一大挑战，也是对人力资源管理提出的新要求。对此，要建立科学的价值评价体系，全面而准确地评估其工作成效。在人力资源管理中，要加快构建与知识型员工特性相契合的价值评价体系。当前，知识型员工出现了新的内在需求要素，传统需求模型已不再适应知识型员工管理，因而迫切需要建构新的管理框架，树立新的管理理念。同时，知识型员工的新特性对领导方式提出了更高要求，一方面要打造更完善、更科学的知识工作系统，另一方面要推进授权机制的革新。

七、战略劳动关系管理面临迫切需求

法律体系日益完善，员工维护自身权益的意识更加凸显，劳资双方关系也发生了转变，以劳动契约与心理因素为核心的战略合作伙伴关系逐步形成。一方面，要对劳动契约与心理因素有深刻认识。在劳动关系管理中，既要根据法律法规和市场法则明确企业与员工的各项权利、义务，也要保证企业与员工能遵循共同目标，形成共同追求，对员工实施科学管理，推进员工发展。对于员工管理机制的构建，要树立"以人为本"的理念，关注员工发展需求，提升员工敬业度，避免人员流动；要确立远景目标，描绘企业发展蓝图，为员工提供广阔的发展空间，促进企业蓝图与员工愿景的和谐统一；要打造和谐、温情的文化环境，充分发挥

环境的熏陶与感染作用。另一方面，要持续推进企业与员工的双赢，注重维护员工利益，实施人性化管理，构建利益共同体，以形成和谐的战略合作关系。这种新型关系有助于调动员工的自觉性与创造性，开发员工潜能，利用员工智慧，从而提高企业绩效。

八、人力资源管理客户价值导向日趋重要

员工在本质上也是客户，人力资源管理要向其提供客户化的产品与服务，并保证人力资源产品与服务契合员工需求。随着人力资源管理职能的演变，员工作为管理对象，并不是制度与命令的绝对服从者，客户关系管理逐渐成为人力资源管理的新方略。企业价值是由员工创造的，企业要树立新的管理观念，从营销的维度来实施人力资源管理，坚持客户价值导向。从本质上看，人力资源管理也是一种特殊的营销工作，适应员工需求显得尤为重要。在新型管理体系中，人力资源管理者要善于把握员工需求，并根据企业发展实际，向员工提供优质的人力资源产品与服务，从而留住人才，发掘员工潜力，提高员工敬业度，为企业发展提供人才保障。

当前，人力资源管理者被赋予多重角色，既要有工程师的战略眼光，也要具备一定的营销能力，还要成为客户经理。对于人力资源管理者而言，既要有扎实的理论基础、较高的实践技能，也要具备引导员工接受人力资源产品与服务的能力。从一定程度上看，人力资源管理者类似于客户经理，主要向员工推销以下几种产品与服务：一是共同愿景，保证员工意愿与企业战略目标的有机统一，满足员工的事业发展期望；二是价值分享，采取多种手段，如优化薪酬体系、实施智慧共享等，满足员工的多样需求；三是人力资本增值服务，加强人力资本投资，优化培训体系，发掘员工潜能，促进人力资本增值；四是授权赋能，为员工提供参与决策、管理的机会，尊重员工的自主性，强化员工的责任承担；五是支持员工成长，为员工个人发展与企业绩效提升创造有利条件，使员工以更高的热情投入工作。

九、双基点复合式人力资源管理模式逐渐生成

目前，基于职位与能力的人力资源管理模式逐渐形成，这种复合型人力资源

管理有双重的基点，即职位管理系统和胜任能力系统。

一是职位管理系统。过去能力是以个体能力为核心，现在是以胜任能力系统为核心，尤其是现在许多大型企业集团在进行人力资源管理的时候，不能对所有的职位都进行管理，必须以职位管理系统取代单一的职位管理。二是胜任能力系统。从关注单一岗位的设置能力到建立胜任能力系统，包括领导者的胜任能力、全员核心的胜任能力、专业的胜任能力、专业岗位胜任能力和团队胜任能力系统。对应的人力资源管理任职资格体系有两套系统：一个是经典岗位的任职资格系统，另一个是以基于职业发展通道为核心的任职资格系统。在这种情况下，人力资源管理机制就真正实现了转变，胜任能力系统取代了岗位设置，胜任能力与职业发展受到高度关注。新的人力资源管理模式是促进企业价值创造的必然要求。

十、人力资源管理流程化进一步推进

一方面，人力资源管理流程化代表着管理程序标准化，意在保证每一位员工都被公平对待。人力资源管理的各项工作都需要其他人员参与，可以是其他部门经理人员，也可以是普通员工。例如，招聘新员工并让他准备开始工作，其中包括完成所有人力资源部门所要求的必要文件。新员工需要计算机、办公空间，再加上能够使用的计算机网络与电子邮件账号。这些安排都必须在员工入职日与员工培训结束日期间准备就绪，而这些问题都可以靠流程自动化来解决。人力资源管理流程化的实质是适应企业面临的各种环境，确保人力资源管理各项业务都能实现程序化运作，提高管理效率，为其他部门的工作运转提供辅助。

另一方面，适应流程优化的人力资源管理模式，要求企业在优化业务流程的同时关注员工潜能开发与能力提升，构建更科学、更有效的人力资源管理模式。新技术能为企业业务流程建设提供强大支持，业务流程优化实际上就是将新技术融入业务活动的各个方面、各个环节，提高运作效率。企业流程化的管理水平需要相应的人力资源管理模式的变革，因此，适应流程化的人力资源管理模式的实质是建立一种通过流程来组织资源，促进人力资源的高效利用，以此增强企业实力。

第三节　人力资源管理的价值发挥路径

如果人力资源对于提升竞争力的重要性比过去任何时候都要大，那么直线经理和 HR 人员就必须成为 HR 管理人才。他们不仅要重视人力资源议题，更要精通如何利用人力资源管理来创造价值。

一、新兴的人力资源管理团体

在人力资源日显重要的发展背景下，人力资源已经不再只是 HR 部门的责任，而是由存在于公司中的人力资源管理团体来承担。人力资源管理团体的成员存在于整个组织中，由此实现组织能力的整合，进而支持创造价值、达成成果的所有人。

每个组织中人力资源管理团体的成员组成都有所不同。有些人力资源管理团体的主导者是一群深谙人力资源理论知识并能设计一流人力资源实践的 HR 专家；而有些人力资源管理团体的主导者则是负责达成业务目标的直线经理。人力资源管理团体可参与到其他员工团体（如人力资源实践可应用于营销、财务、信息技术领域）中去，因为这些员工团体需要利用人力资源管理来实现其目标。此外，人力资源管理团体也可从咨询公司或其他人力资源服务人员那里获得新观念和技术。综合上述多种角色，便可组成一个能创造价值、达成成果的人力资源管理团体。然而，要建立这样一个人力资源管理团体，HR 人员和直线经理必须成为 HR 管理人才。

二、将 HR 人员打造为 HR 管理人才

显而易见，未来的 HR 人员将与过去的 HR 人员明显不同。"成为业务伙伴"要求 HR 人员更多地考虑结果而非计划。HR 人员将致力于制定新的人力资源实践为组织创造价值，从而优化组织架构，并通过优化的组织架构将战略转化为行动。HR 人员负责进行组织诊断，通过组织模型来设定组织的工作重点。HR 人员将通过技术、流程再造和品质优化来重新设计 HR 工作。HR 人员将在高层会议上转述

员工心声，确保员工的意见得到关注。他们对文化变革进行设计，并促进、催化变革能力的提升，从而建立符合客户与 HR 人员预期的部门愿景。

人力资源观念涵盖不同的角色定位，而且未来依然适用。有些 HR 人员作为统筹者负责建立与客户之间的纽带，协助将战略转化成行动；有些 HR 人员要精通理论知识，熟知创新发展。当这些人成为所属领域中的专家时，他们的合作便可确保 HR 部门为公司、客户创造价值。

三、将直线经理打造为 HR 管理人才

直线经理也必须成为 HR 管理人才。公司中的人力资源管理需要由谁来承担主要责任，是一个值得深思的问题。对于这一问题，通常有以下几个可能：A. 直线经理；B. HR 人员；C. 直线经理和 HR 人员共同承担；D. 咨询顾问；E. 没有人，是自然产生的。面对这一问题，大多数人选择 C，但是标准答案是 A，直线经理才是人力资源管理的主要负责人。这是由于直线经理对流程与成果、股东获利、顾客需求、员工工作环境等都有一定责任，为达成该目标，直线经理必须成为 HR 管理人才。

成为 HR 管理人才的直线经理必须了解，组织能力是竞争力的一个重要来源，并能完成一系列必需的工作：确保每项业务计划都具有对应的行动计划，并且可以实施；确保对客户、员工和投资人所做的战略承诺能够实现；为员工的日常工作建立员工分享服务平台，实施多种传递机制；为所有员工解释新的劳动合同，包括面临的挑战性目标和为达成目标所需的资源；学习如何创建共享心智，从而建立合适的内部文化以达成众望所归的市场认同感；要求 HR 部门设定高目标（使命、价值、战略），并监督 HR 部门负责达成这些目标。

四、直线经理与 HR 人员共建伙伴关系

如果直线经理或 HR 人员单独行动，那么他们都不可能成为 HR 管理人才，他们必须形成伙伴关系。一些传统上的障碍使得业务部门和职能部门之间存在隔阂，而伙伴关系就是要打破这些障碍。如果双方在同一任务中共同合作，那么双方能力的整合必然会产生"1+1>2"的效果。伙伴关系代表相互尊重，在融入不同观点的过程中相互合作以达成共同目标。伙伴关系鼓励辩论与差异，但最终会达成

共识，以共同的承诺取代冲突。当他们都专注于业务成果，以至于旁观者在员工会议中无法明确区分出谁是 HR 负责人谁是直线经理时，他们之间就形成了真正的伙伴关系。

新的人力资源管理团体以多种伙伴关系为基础（图6-3）。直线经理在人力资源管理团体中作为富有权威和权利的主导者，对人力资源管理团体负完全责任；HR 人员贡献 HR 专业技能；员工贡献工作领域的技能专长；供应商（咨询顾问或人事外包公司）提供建议或执行例行的标准化工作。在这些人的共同努力下，人力资源管理团体就能够真正地创造与传递价值。

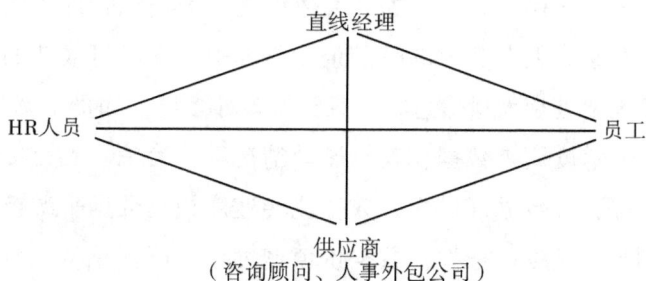

图 6-3　人力资源管理团体中的多种伙伴关系

第四节　大数据助推人力资源管理转型

随着互联网与信息技术的迅猛发展，人类社会进入了大数据时代。大数据的价值逐渐得到深入发掘，在社会生产生活中的作用日趋突出。大数据助推了生产模式与管理方式的变革与创新，对社会治理、决策制定、个人生活、思维方式产生了重大影响。企业运营越来越依赖于大数据，大数据逐步渗透到企业生产与管理的各个环节。人力资源管理作为企业管理的重要组成部分，其管理模式的变革离不开大数据技术的运用。引入大数据技术，树立大数据思维，强化对大数据的运用，推进人力资源管理创新，是企业转型发展的需要，是提高管理效率和企业竞争力的要求。

一、依托大数据思维转变人力资源管理理念

现代企业管理越来越离不开大数据，树立大数据思维，深化对大数据的认识，革新管理方式，是新的发展环境下人力资源管理面临的新要求。在企业人力资源管理中树立大数据思维，主要从以下几个方面着手：第一，人力资源管理者必须对大数据有一定认识，充分肯定大数据在管理中的价值，形成大数据思维。一是要对人才需求变化有敏锐的眼光和预见性；二是要对日常管理工作具备更高敏感性、专注力和创新思维的能力；三是要引导员工形成大数据思维，促进员工在生产活动中对大数据的运用。第二，提升大数据在人力资源管理中的地位，始终将其视为关键生产要素。人力资源部门是企业管理中一个不可或缺的职能部门。人力资源管理者每天要处理大量信息，信息类型多种多样，如员工绩效、培训情况、各项支出、员工满意度调查数据、人员流动情况等。第三，人力资源管理要深入把握大数据的特征，即数据规模大，数据流转速度快，数据来源范围广，数据类型多样化，数据真实性难以把控，数据价值密度低，可视化特色鲜明。这要求人力资源决策突破传统的基于经验与感觉的思维模式，积极倡导基于事实与依据的思维方式。在大数据环境下，人力资源管理决策的制定不应仅仅依赖于经验积累和自我感觉，而要突出事实与数据的参考价值，由此提高人力资源管理的科学化水平，优化管理方式，促进人力资源的充分开发与高效利用。第四，依托大数据建立预测模型，贯彻以人为本的管理理念，推进人力资源管理科学化和人本化。

二、企业战略人力资源管理真正从"幕后走向台前"

战略人力资源管理作为一种新型管理模式，要求人力资源管理部门帮助企业高层管理者设计战略规划，并为企业实现战略目标提供强有力的人才支撑。在大数据广泛应用的背景下，企业竞争日趋激烈，产业融合发展的趋势日益鲜明，新业态不断生成，进而造成企业战略周期愈加缩短，这就需要企业灵活调整战略目标。对于人力资源管理者而言，要对各部门之间、企业与外部客户之间的关系有深入认识，善于依托大数据实施科学管理，并且利用这种认识来做出预测，以提高管理的科学化水平。大数据在企业人力资源管理中的应用具体表现为以下两点：一是利用大数据来综合分析企业发展状况，了解企业潜藏的风险问题，并对其做

出预测，促使人力资源供给和需求达到动态平衡。二是大数据是实施战略人力资源管理的重要辅助，能为业务开展、战略设定及发展方向提供依据，更好地落实人力资源管理的多重角色，充分发挥人力资源管理职能，提高管理效率，促进其地位的提升，使战略人力资源管理走向"台前"。

三、大数据支持企业人力资源管理内容与管理系统创新

人力资源管理是一项涵盖广泛、业务复杂的综合性工作，主要由六大部分构成：一是人力资源规划；二是人员招聘与岗位分配；三是员工培训；四是绩效管理；五是薪酬福利管理；六是劳动关系管理。各个部分都有其不同的工作重心，彼此独立，但同时也存在密切联系，涉及人员招聘、人员培训、人员任用及人员留用的各个环节。基于大数据的运用，人力资源管理从内容到系统都应做出调整，以构建起更完善、更高效的管理体系。第一，要不断优化与更新人力资源管理内容，推动管理内容向精细化方向发展，使其更加符合企业发展的需要。在人员招聘环节，大数据技术为 HR 人员了解应聘者的各方面情况带来了便利，精准人岗匹配已不再是幻想，而成为触手可及的现实。"人才素质模型雷达图"正是人才测评方式创新的有益尝试。它强调对大数据的运用，能有效地进行人才测评，改进人才测评不足。例如，惠普依托大数据创立了离职风险管控系统，有助于减少员工离职，在员工留任方面发挥着显著作用。这是大数据应用于人力资源管理的一个典型案例。第二，大数据引发了新业态与新职位的生成，无论是岗位职能还是职位关系都突破了传统模式的桎梏，产生了一些新变化。有关大数据的岗位将逐渐增多，大数据产业呈迅猛发展之势。企业以往的市场部经理将转变为首席营销官，其职能转变意味着营销核心的变化。过去的"成本"中心不再具备适应性，而被"价值"中心取而代之，这恰恰体现了企业岗位职责的变革创新。第三，人力资源大数据管理将逐渐生成，它被视为人力资源的第 7 个部分，与已经成熟的6 个部分既彼此独立，也相互联系，其边界日益模糊。然而，由于受到多方面因素的影响，如掌握的信息较少，信息分析不够深入，大数据技术利用程度偏低等，人力资源管理仍然聚焦于企业内部的静态信息，缺乏对企业内外信息的整合。进入 21 世纪，云技术、分布式处理技术发展迅速。这些技术为信息获取、信息整合与利用提供了强大的技术支持，很多潜藏的信息得到开发，人力资源管理成效显

著增强。同时，人力资源大数据拥有者、提供者和服务者等产业链快速发展，人力资源专业公司逐渐增多，人力资源外包业务得到大力拓展，而且人力资源大数据资源对企业发展的影响力日趋提高，必将成为人力资源管理的模块之一。未来，人力资源大数据将融入企业战略目标确立、业务流程优化等各方面，并与已经成熟的六大模块相融合，进而使各模块都显现出数据化特色，其边界感也日趋淡化。大数据在人力资源管理各方面、各环节的运用将更加深入，新型人力资源管理模式将逐渐生成。

四、大数据助推企业人力资源管理模式与组织构架升级变革

毋庸置疑，人力资源管理模式与组织架构的建立与完善是一项不容忽视的工作，是企业信息化管理的内在组成。进入大数据时代，创新人力资源管理模式与系统，强化大数据的运用，是人力资源管理面临的新挑战。第一，人力资源孤岛现象将逐渐消失，碎片信息将得以整合。现阶段，人力资源管理仍然以人员招聘、员工培训、入职和离职管理等为核心业务，这些业务中产生的信息属于结构化数据，各方面的业务信息具有相对独立性。在各项业务的开展过程中，管理人员面对业务交叉的情况，往往只是进行碎片化信息管理，缺乏一个综合的信息管理系统，大部分工作陷于具体的、重复的繁琐性事务中。同时，一些人力资源管理人员并不具备较高的专业素质，管理制度陈旧，导致人力资源管理质量大打折扣。对此，应依托大数据信息资源与大数据技术来优化人力资源管理模式，将组织中每一个岗位单元链接成为有序高效的整体，促进碎片信息的整合。第二，以往以岗位为核心的人力资源管理模式已难以适应现代企业发展需求，而以能力为核心的管理模式强调的是对人才的管理，与企业战略高度契合，在人力资源管理中要促进能力与岗位的结合，提升能力的地位。企业内部各岗位都与特定的工作内容和任务相对应，企业内部成员都有一定的岗位，这种以岗位为核心的人力资源管理模式对于企业发展具有积极作用。但在知识经济时代和大数据时代背景下，以岗位为核心的管理模式表现出明显的不适应性。对于数据分析师而言，既要具备突出的数据处理能力与高效的分析方法，更要有高瞻远瞩的眼光和洞察力，科学把握行业发展趋势与企业走向，而其洞察力的培养并非轻而易举之事，需要持续学习，提高自身素质。构建以能力为核心的人力资源管理模式，坚持能力与岗位

相结合，提高员工的胜任力，是新时期人力资源转型的需要，也是企业获得发展动力的需要。这种新型的人力资源管理模式，在人员招聘、薪酬制度、绩效评估、个体发展、职业方向等各个业务环节都突破旧有模式的桎梏，突出与能力的联接。在这种新模式下，人力资源管理的焦点将由工作任务转变为具有能动性和创造性的个体，更加关注员工能力的再造与提升，促使员工能力与岗位需求高度契合。第三，转变企业人力资源管理组织结构，使其向扁平化方向发展。在传统模式下，人力资源主管与基本员工的沟通极为有限。在其掌握的员工信息中，仅仅是来源于员工自身的基本信息，其他信息则主要从组织外围或组织上层获取。依托大数据，"扁平化"组织结构的建立，便于管理者与基层员工沟通交流，特别是借助互联网传递工作信息，这样能显著降低成本，实现人性化管理。

五、大数据技术促使人力资源管理手段更加先进

人力资源大数据是一种新概念，对于决策制定与管理变革作用突出。大数据技术引发了人力资源管理方式的更新。第一，借助大数据技术实施人力资源管理活动，促进手段革新。例如，利用大数据多维数据仓库功能创设模型，凸显人力资源分析的科学性与有效性。在人力资源管理中，可依托大数据深入分析员工离职现象。以往管理者通常将绩效下降、考勤情况视为员工离职的迹象，这种分析方法费时费力，有很强的主观色彩，况且出现这些迹象时，员工离职的意愿基本成熟，要想留住这些员工难度极大。如果依托大数据全面而深入地分析员工的个性、优势、职业意愿等因素，建立相应的数据库，便可提前2年判断员工离职的可能性，并及时采取应对之策。第二，革新人力资源管理方法。大数据技术能使管理者便捷获取所需信息，为人力资源管理提供依据。例如，海氏分析法就是大数据技术应用于人员测评的一种方法，其测评结果极具参考价值，受到高度认可。我国的"北森测评模型"也是大数据技术应用于人员测评的典型。此外，人力资源管理虚拟化进程加快，人力资源非核心职能的外包业务迅速发展，便于人力资源部门专注于核心职能业务，避免管理者时间与精力的分散，从整体上提高了管理效率。

综上所述，大数据融入人力资源管理要经历不断摸索、持续创新的过程。在对大数据信息与技术的应用上，总会受到观念、制度、现有条件等各种因素的影

响，例如，企业高层管理者对大数据的接受程度，大数据信息系统建设的投入力度，信息资源共享系统的建设水平，先进技术在人力资源数据信息管理中的使用情况。大数据应用于人力资源管理，既需要企业自身的探索与革新，也有赖于科技、政府及社会组织等多方力量的支持，这在很大程度上影响着人力资源管理的变革进程及其成效。

参考文献

［1］白睿，王伯岩. 卓越 HR 必备工具书：人力资源管理全程实操指南［M］. 北京：中国法制出版社，2017.

［2］蔡治. 大数据时代的人力资源管理［M］. 北京：清华大学出版社，2016.

［3］常志军. 人力资源管理［M］. 北京：经济管理出版社，2017.

［4］陈志霞，周佳彬. 信息化人力资源管理研究进展探析［J］. 外国经济与管理，2017，39（1）：56-67.

［5］戴维·尤里奇. 人力资源转型：为组织创造价值和达成成果［M］. 李祖滨，孙晓平，译. 北京：电子工业出版社，2015.

［6］房宏君，戴艳军. 科技人力资源管理伦理与科技人力资源管理绩效关系实证研究［J］. 科学学与科学技术管理，2013，34（3）：145-152.

［7］高素英，张艳丽，刘兵. 人力资源管理系统与战略人力资本关系研究：竞争战略的调节作用［J］. 科学学与科学技术管理，2014（10）：159-169.

［8］戈梅斯·梅西亚. 人力资源管理［M］. 张正堂，蒋建武，刘宁，译. 北京：北京大学出版社，2011.

［9］葛红岩，冯江华. 人力资源管理［M］. 上海：上海财经大学出版社，2015.

［10］葛秋萍. 现代人力资源管理与发展［M］. 北京：北京大学出版社，2012.

［11］郭文臣，段艳楠. 基于挑战与变革视角的新型职业生涯与人力资源管理实践研究［J］. 管理学报，2013，10（12）：1785-1791.

［12］何静. 基于知识视阈下的高新技术企业人力资源管理研究［M］. 北京：中国经济出版社，2016.

［13］何筠，陈洪玮. 人力资源管理理论、方法与案例分析［M］. 北京：科学出版

社，2018.

[14] 和云，安星，薛竞. 大数据时代企业人力资源管理变革的思考 [J]. 经济研究参考，2014（63）：26-32.

[15] 贺清君. 企业人力资源管理全程实务操作 [M]. 北京：中国法制出版社，2014.

[16] 贺勇. CTK 公司转型升级期人力资源管理的研究 [D]. 天津：天津大学，2013.

[17] 胡劲松. 名企人力资源最佳管理案例：老胡说标杆 [M]. 北京：中国法制出版社，2017.

[18] 胡明. 人力资源管理互联网思维 [M]. 北京：清华大学出版社，2017.

[19] 黄波，江新会，顾江洪. 人力资源管理政策和执行与组织绩效的关系：一个对抗性交互效应的发现 [J]. 外国经济与管理，2016，38（5）：58-68.

[20] 吉恩·保罗·艾森，杰西·S哈里奥特. 人力资源管理大数据：改变吸引、猎取、培养和留住人才的方式 [M]. 胡明，邱黎源，徐建军，译. 北京：机械工业出版社，2017.

[21] 加里·德斯勒，陈水华. 人力资源管理 [M]. 赵曙明，高素英，译. 北京：机械工业出版社，2013.

[22] 加里·德斯勒. 人力资源管理基础 [M]. 刘钢，梁彦鸣，译. 北京：清华大学出版社，2012.

[23] 加里·德斯勒. 人力资源管理基础 [M]. 刘昕，江文，译. 北京：中国人民大学出版社，2014.

[24] 贾瑞仙. 基于互联网思维的人力资源管理转型研究：以海尔为例 [D]. 大连：大连海事大学，2015.

[25] 贾宇. 战略转型下均瑶集团人力资源管理创新研究 [D]. 南昌：南昌大学，2015.

[26] 金碚，吴冬梅，宋孜宇. 人力资源管理学学科前沿研究报告：2013 [M]. 北京：经济管理出版社，2017.

[27] 金忆. MG 公司基于战略的人力资源共享服务中心研究 [D]. 上海：上海交通大学，2008.

[28] 句华. 人力资源管理实践案例分析 [M]. 北京：北京大学出版社，2012.

[29] 劳埃德·拜厄斯，莱斯利·鲁. 人力资源管理 [M]. 李业昆，译. 北京：人民邮电出版社，2017.

[30] 李隽，李新建，王玉姣. 人力资源管理角色发展动因的多视角分析与研究展望 [J]. 外国经济与管理，2014（5）：40-49，80.

[31] 李小勇. 集团化人力资源管理实践 [M]. 北京：企业管理出版社，2013.

[32] 李玉蕾，袁乐平. 战略人力资源管理对企业绩效的影响研究 [J]. 统计研究，2013，30（10）：92-96.

[33] 林明河. K 公司人力资源管理优化战略的研究 [D]. 广州：广东财经大学，2017.

[34] 刘克星，迟蕾，黄杰. 人力资源管理如何实现人力资本增值 [J]. 山东交通科技，2004（2）：91-93.

[35] 刘明宇. 一本书读懂人力资源管理：HR 超级管理实用指南 [M]. 北京：中国华侨出版社，2015.

[36] 罗海滨，刘善仕，王红椿，等. 内控导向人力资源管理实践与组织绩效研究 [J]. 管理学报，2015，12（8）：1124-1134.

[37] 马海刚，彭剑锋，西楠. HR+三支柱：人力资源管理转型升级与实践创新 [M]. 北京：中国人民大学出版社，2017.

[38] 孟祥林. 人力资源管理案例分析：第三版 [M]. 北京：经济科学出版社，2016.

[39] 苗青. 人力资源管理研究与实践：前沿量表手册 [M]. 杭州：浙江大学出版社，2015.

[40] 潘平. 上承战略 下接人才：人力资源管理高端视野 [M]. 北京：清华大学出版社，2015.

[41] 彭剑锋. 战略人力资源管理：理论、实践与前沿 [M]. 北京：中国人民大学出版社，2014.

[42] 彭娟. 基于构型理论的人力资源系统与组织绩效的关系研究 [D]. 广州：华南理工大学，2013.

[43] 邵芳，樊耘. 人力资源管理对组织支持动态作用机制模型的构建 [J]. 管理学报，2014，11（10）：1469-1476.

[44] 史蒂芬·皮尔比姆，马乔里·科布纳基. 人力资源管理实务 [M]. 廉晓红，译. 北京：经济管理出版社，2011.

[45] 宋源. 人力资源管理 [M]. 上海：上海社会科学出版社，2016.

[46] 苏华. 人力资源管理心法与实战 [M]. 北京：人民邮电出版社，2018.

［47］苏中兴. 转型期中国企业高绩效人力资源管理系统研究［M］. 北京：中国劳动社会保障出版社，2010.

［48］孙锐. 战略人力资源管理、组织创新氛围与研发人员创新［J］. 科研管理，2014，35（8）：34-43.

［49］孙少博. 战略性人力资源管理对组织效能的影响研究：基于竞值架构视角［D］. 济南：山东大学，2012.

［50］孙雯. 战略转型期厦门电信人力资源管理对策研究［D］. 厦门：厦门大学，2006.

［51］孙秀丽，赵曙明. HRM 能力及其重要性对战略人力资源管理与企业绩效的影响［J］. 南京社会科学，2017（1）：39-45.

［52］唐代盛，李敏，边慧敏. 中国社会组织人力资源管理的现实困境与制度策略［J］. 中国行政管理，2015（1）：62-67.

［53］田立法. 人力资源管理系统与企业绩效：理论与对策［M］. 北京：中国经济出版社，2016.

［54］田新华. 企业人力资源管理外包研究［D］. 厦门：厦门大学，2009.

［55］汪晓媛. 战略人力资源管理、员工信任与知识共享关系研究：基于内容与过程整合的视角［D］. 苏州：苏州大学，2012.

［56］汪溢，谷卓越. 人力资源管理与企业文化［M］. 北京：北京大学出版社，2010.

［57］王朝晖. 战略人力资源管理对情境双元型创新的影响研究［D］. 长沙：中南大学，2011.

［58］王朝晖. 战略人力资源管理与组织双元的关系研究述评［J］. 外国经济与管理，2016，38（3）：44-60.

［59］王吉鹏. 知识型员工人力资源管理：人力资源管理［M］. 北京：中国劳动社会保障出版社，2008.

［60］王今舜. 企业管理和治理丛书：人力资源管理［M］. 北京：中国书籍出版社，2015.

［61］王通讯. 大数据人力资源管理［M］. 北京：中国人事出版社，2016.

［62］王雅洁，戴景新，高素英，等. 战略人力资源管理、企业特征与企业绩效：基于中国企业的经验数据［J］. 科技管理研究，2014，34（4）：163-168.

［63］王亚洲，林健. 人力资源管理实践、知识管理导向与企业绩效［J］. 科研管理，2014，35（2）：136-144.

［64］魏光丽. 人力资源管理：理论与实务［M］. 北京：中国工商出版社，2013.

［65］魏文静. 人力资源管理实用必备全书［M］. 北京：经济科学出版社，2012.

［66］吴宝华. 人力资源管理实用教程：第 2 版［M］. 北京：北京大学出版社，2012.

［67］吴冬梅，李淑玲. 人力资源管理学学科前沿研究报告［M］. 北京：经济管理出版社，2015.

［68］夏洪胜，张世贤. 人力资源管理［M］. 北京：经济管理出版社，2014.

［69］萧鸣政. 人力资源管理实验［M］. 北京：北京大学出版社，2012.

［70］肖兴政. 跨文化人力资源管理探讨［J］. 四川理工学院学报，2005，20（2）：5-9.

［71］杨浩，刘佳伟. 最佳人力资源管理实践与企业绩效的关系研究［J］. 科研管理，2015（S1）：265-271.

［72］喻德武. 互联网+人力资源管理新模式［M］. 北京：中国铁道出版社，2017.

［73］余一凡，王建光，张世贤. 中国企业人力资源管理案例［M］. 北京：经济管理出版社，2014.

［74］约翰·M 伊万切维奇，罗伯特·科诺帕斯克. 人力资源管理［M］. 赵曙明，程德俊，译. 北京：机械工业出版社，2015.

［75］张莲. A 集团人力资源业务合作伙伴胜任力研究［D］. 北京：首都经济贸易大学，2017.

［76］张萌，王松林，武啸. 名企人力资源管控最佳管理实践［M］. 北京：中国法制出版社，2017.

［77］张明辉. 人力资源管理从入门到精通［M］. 北京：清华大学出版社，2015.

［78］张一弛，李书玲. 高绩效人力资源管理与企业绩效：战略实施能力的中介作用［J］. 管理世界，2008（4）：107-114.

［79］赵磊. 战略人才管理：超越人力资源管理的新模式［M］. 北京：人民日报出版社，2015.

［80］赵灵芝. 人力资源管理实战演练全书［M］. 北京：清华大学出版社，2014.

［81］赵曙明. 人力资源管理评论［M］. 北京：经济管理出版社，2012.

［82］赵曙明，孙秀丽. 中小企业 CEO 变革型领导行为、战略人力资源管理与企业绩效：HRM 能力的调节作用［J］. 南开管理评论，2016，19（5）：66-76.

［83］郑芳. 资深 HR 手把手教你做人力资源管理［M］. 天津：天津科学技术出版

社，2017.

［84］郑海航，吴冬梅. 企业人力资源管理：理论·实务·案例 ［M］. 北京：经济管理出版社，2012.

［85］周昌湘. 非人力资源经理的人力资源管理 ［M］. 北京：北京联合出版公司，2014.

［86］朱瑜，王小霏，孙楠，等. 基于战略人力资源管理视角的组织复原力研究 ［J］. 管理评论，2014，26（12）：78-90.